BUZZ

© 2019 Buzz Editora

Publisher ANDERSON CAVALCANTE
Editora SIMONE PAULINO
Editora assistente LUISA TIEPPO
Preparação MARINA CASTRO
Projeto gráfico ESTÚDIO GRIFO
Assistentes de design FELIPE REGIS, NATHALIA NAVARRO
Revisão JORGE RIBEIRO

Dados Internacionais de Catalogação na Publicação (CIP)
de acordo com o ISBD

M827n

    Moraes, Igor
    Nada vem fácil: Como um empréstimo de trezentos reais foi
    suficiente para iniciar uma grande rede. / Igor Moraes
    São Paulo: Buzz Editora, 2019
    144 pp.

ISBN 978-65-80435-18-0

1. Autoajuda 2. Trabalho 3. Profissão 4. Superação I. Título.

	CDD 158.1
2019-1139	CDU 159.947

Elaborado por Vagner Rodolfo da Silva, CRB-8/9410

Índice para catálogo sistemático:
1. Autoajuda 158.1   2. Autoajuda 159.947

Todos os direitos reservados à:
Buzz Editora Ltda.
Av. Paulista, 726 – mezanino
CEP: 01310-100 São Paulo, SP

[55 11] 4171 2317
[55 11] 4171 2318
contato@buzzeditora.com.br
www.buzzeditora.com.br

IGOR MORAES

NADA VEM FÁCIL

Como um empréstimo de trezentos reais foi suficiente para iniciar uma grande rede

*Dedico este livro ao Fabio Marques,
um amigo de infância muito
querido, que me emprestou os
primeiros trezentos reais para eu
começar a Kings.
Fabio faleceu antes de ver este livro
pronto e nada disso seria possível
sem sua ajuda e amizade.*

PARA SOBREVIVER AO CAOS, "ADAPTAÇÃO" É A PALAVRA DE ORDEM.

AOS POUCOS, A MÚSICA, A RUA E AS PESSOAS COMEÇAVAM A SER MINHAS MAIORES PROFESSORAS. EU VIVIA UM DIA DE CADA VEZ E, QUANDO ME FRUSTRAVA, SABIA QUE OS RACIONAIS ESTAVAM CERTOS: NA VIDA, *NADA COMO UM DIA APÓS O OUTRO DIA.*

NO FINAL DAS CONTAS, SEMPRE CONSEGUIMOS IR ADIANTE QUANDO DAMOS AQUELE PASSO DECISIVO EM DIREÇÃO À NOSSA LIBERDADE.

TODA ESCOLHA CONSTRÓI O SEU DESTINO, E TODOS OS MOMENTOS EM QUE VOCÊ ESTÁ DIANTE DE BIFURCAÇÕES TE DÃO A CHANCE DE OPTAR PELO CAMINHO QUE PODE NÃO SER O MAIS CONFORTÁVEL, MAS É PARA O QUAL SEU CORAÇÃO APONTA.

A MINHA LINHA DE RACIOCÍNIO ERA EMPREENDER. NA ÉPOCA, A PALAVRA "EMPREENDEDORISMO" NÃO ERA USADA. AS PESSOAS USAVAM EXPRESSÕES COMO "ABRIR MEU NEGÓCIO" OU "TER NEGÓCIO PRÓPRIO".

QUANDO SE COMEÇA NUM *BUSINESS*, É PRECISO TRABALHAR 500% DO TEMPO.

MINHA VIDA FOI FEITA EM CIMA DE *FEEDBACKS*. SENDO ASSIM, EU PEGAVA OS *FEEDBACKS* DAS PESSOAS QUE EU ACHAVA QUE ERAM "FORA DA CURVA" E SEGUIA, CONSTRUINDO MEU CAMINHO.

APRESENTAÇÃO

Ainda muito jovem, eu ia ao centro da cidade quase todos os dias na busca de construir possibilidades de trabalho com o rap. Nessas idas e vindas, naquela pequena porta, no subsolo de uma galeria do centro velho da cidade, vi nascer um sonho de empreendedorismo, em uma época em que este termo ainda não era notável.

Antes da virada do milênio, conheci um Igor que falava pouco de negócios, mas muito sobre o seu pai e o seu irmão. Ele era jovem, ansioso como qualquer um daquela idade, mas com um desejo de levar algum tipo de orgulho para dentro da família e, assim, moldava o ser astuto, incisivo, ríspido e direto que viria a se tornar.

Ao colecionar experiências, ele se permitiu aprender com os processos do trabalho e da vida, tentando extrair o melhor possível para as três famílias que conquistou: a de casa, a da rua e a que se criou em torno do seu trabalho. O que desenvolveu não vou aqui nomear como "marca", "conceito" ou qualquer outro termo que tente descrever de modo raso o que se constrói ao longo do tempo.

Num ambiente supercompetitivo e lendário, de tantos encontros históricos, solo fértil de sonhos e lápide de tantos outros nas tentativas de felicidade, toda uma geração teve aquele canto do mundo como um lugar que se poderia chamar de "centro da Terra", mas que, para muitos gigantes do mercado, era tido como um lugar marginal, por não compreenderem seu potencial.

Nesse ponto crucial, enxergar o valor dessas pessoas – que tinham uma visão de futuro, com respeito à leitura do que diz a rua e do que sente o jovem que está em busca de seu espaço – é essencial. É nesse ponto que se entende que o conhecimento que se constrói na Galeria 24 de Maio não existe em nenhum outro lugar. O que se aprende com quem vive, trabalha e respira o rock e o hip-hop *não se encontra na academia, e isso se estende também ao empreendedorismo de rua, resistente às fórmulas impostas pelas grandes marcas.*

Tanto na arte da música quanto na arte da gestão, uma pequena história foi se construindo e se consolidando, assim como a de tantas outras mentes brilhantes que por lá passaram e permanecem no desafio de empreender numa sociedade que faz de tudo para dificultar o acesso à possibilidade de ascender em seu próprio negócio.

Há, aqui, a intenção de incentivar o jovem ao mundo do empreendedorismo e de celebrar essa história (em construção) que se destacou num ofício. Só quem trabalha ou trabalhou na Galeria 24 de Maio, desde a sua fundação, passando pela chegada do Terceiro Milênio, saberia definir a importância de estar atento à arte, ao costume e à mudança que só a juventude, em especial do rock *e do* rap, *imprimiu naquele espaço.*

Existe um novo empreendedorismo que não está na academia, mas que pode dialogar com as ideias que lá se encontram e afirmar, na prática, que é possível, sim, gerar caminhos para a realização de sonhos. Nada vem fácil.

CRIOLO

INTRODUÇÃO

Quando resolvi reunir todas as anotações que tinha para reconstruir a minha trajetória, tive uma surpresa: eu era mais que um sujeito que tinha saído da Boca do Lixo e ido parar nos jornais de maneira positiva.

Quem sabia da minha história me perguntava como eu, nascido numa quitinete de vinte metros quadrados, numa região conhecida como Cracolândia, em São Paulo, tinha conseguido ficar imune a tantas influências negativas, que tinham transformado em criminosos a maior parte dos colegas com quem cresci.

Eu tinha encontrado uma oportunidade de trabalhar com aquilo de que gostava. Música, moda e arte. E criar algo novo para o jovem que ainda não sabia se vestir, nem que referências seguir. Eu encontrei ali, dentro da minha própria história, olhando a periferia de São Paulo, um nicho de mercado que fazia com que eu sonhasse grande.

Mesmo com medo de que os sonhos jamais pudessem sair do papel, eu sabia, acima de tudo, que precisava *trabalhar incansavelmente* para não virar estatística. Tinha nascido pobre e sabia que algumas pessoas veriam a mim e ao meu negócio com desconfiança por causa disso, mas, com a autoestima que meu pai me ensinava a ter, eu jamais abaixaria a cabeça diante de ninguém.

Todas as vezes que me levantava da cama, mesmo com medo, com sono, com probabilidade de derrota, sentia que o sangue da minha mãe corria nas minhas veias. Não era justo desonrar uma mulher que me levava debaixo do braço para trabalhar todas as manhãs antes de o sol nascer.

Com essa força, eu tentava observar tudo aquilo que parecia ser uma nova realidade como um sonho possível. Mesmo sem aprender a ver a vida desse jeito.

Hoje, quando comemoro o resultado da minha marca, com faturamento anual de dezenas de milhões de reais, sei que a Kings não é apenas uma marca.

Ela é uma história.

A Kings conta a história do Brasil que persiste, que tem esperança, que tem atitude, que faz acontecer independentemente do universo que existe ao seu redor.

A história de um jovem que viu uma oportunidade onde parecia não existir nenhuma e, com fé e resiliência, encontrou uma maneira de materializar algo que todo mundo achava impossível.

Mais que um livro sobre negócios, empreendedorismo, e como tirar uma ideia do papel e construir um sonho, eu espero que este livro desperte em você o sonhador que existe aí dentro e que pode se mostrar nos momentos em que a vida tentar te derrubar.

Que a minha história e a maneira como construí a história da Kings possam inspirá-lo a fazer a diferença no mundo, no seu negócio, na sua vida.

Porque eu acredito que toda história de sucesso começa com simples escolhas.

Que a escolha de abrir este livro possa favorecer as suas novas escolhas de vida.

1
DE ONDE VIM

A verdadeira medida de um homem não se vê na forma como se comporta em momentos de conforto, mas em como se mantém em tempos de desafio.
MARTIN LUTHER KING

Quando decidi escrever este livro, parei para pensar em que tipo de público eu gostaria que lesse aquilo que tenho para dizer. Eu conhecia muitos jovens que me seguiam nas redes sociais e perguntavam como eu, um sujeito que tinha transformado o nada em tudo, tinha conseguido chegar aonde cheguei.

Percebi que a maioria daqueles jovens acreditava que a jornada tinha sido fácil. Como se do dia para a noite eu tivesse tirado uma *startup* do papel e criado uma ideia disruptiva e inovadora que ganhou a cabeça de todo mundo.

Quem me conhece sabe que a Kings não nasceu do nada. Ela foi fruto da minha história de vida, permeada por erros e acertos. Fruto de uma revolução pessoal das mais difíceis de realizar, uma transformação que exigiu mais que coragem de me expor e dar a cara a tapa, porque aconteceu dentro de mim, onde ninguém conseguia enxergar.

Trazer uma ideia à tona, decidir encarar de peito aberto todos os desafios que criar uma marca do zero traz e, ao mesmo tempo, atravessar um período de transformação radical da própria vida foi o que possibilitou que o tal sucesso fosse possível.

Minha vida sempre foi repleta de tormentas que tentaram sufocar meu anseio por um futuro melhor. Desde pequeno eu sou um desbravador, e foi enfrentando todas as dificuldades que sobrevivi – cada vez mais forte – para poder relatar tudo o que fez muitos de meus colegas de infância desistirem ou pararem.

Tudo começou com a vida dos meus pais, nascidos numa cidade que se chamava Fortuna, mas que era cheia de miséria. Imagine uma cidade de apenas 15 mil habitantes. Esse lugar existe e fica no interior do Maranhão, e é ali que a minha história começa. Meus pais, cansados de viver naquela escassez, migraram para São Paulo.

O mais engraçado disso tudo é que, mesmo sem nunca terem se cruzado em Fortuna, meu pai, seu João e minha mãe, d. Rosa, foram se conhecer justo em São Paulo, uma cidade com mais de 12 milhões de habitantes.

Logo que os dois se casaram, foram morar numa quitinete de 29 metros quadrados no centro de São Paulo, num lugar que anos depois ficaria conhecido como Cracolândia.

Esse foi o lugar onde eu nasci e é também onde escrevo este livro.

Talvez você esteja se perguntando por que eu quis montar a sede da minha empresa justamente num lugar como este, e eu te respondo que, na vida, você nunca deve se esquecer de onde vem, porque, mesmo que voe alto, são as suas raízes que vão te manter erguido.

É sabendo de onde você vem que você honra seu passado e cria oportunidades para quem não conseguiu criá-las sozinho e nem teve ninguém que as criasse para você.

O mundo que eu quero para mim e para os meus filhos é um mundo em que eles entendam que nada do que construí veio fácil ou num estalar de dedos e que foi necessário estar muito focado nos meus valores para permanecer na linha, enquanto muitos colegas iam pra bandidagem.

Só que essa história começou de um jeito curioso: na minha infância. As lembranças dessa época me trazem cheiros, cores e sensações. Nem sempre são as melhores. A mais antiga delas é a sensação do frio que eu e meus irmãos passávamos dentro de casa. O apartamento, pequeno, era úmido, e os vidros das janelas eram quebrados. Meu pai não tinha grana para mandar consertar, e a única alternativa era pregar uma coberta velha no vitrô pra fazer com que o frio não entrasse. Ainda guardo na memória aquele rigoroso frio congelando meus ossos na madrugada, enquanto eu tentava encolher o corpo para não sentir a dor que me lembrava de que não havia para onde correr.

O mais interessante de histórias como essa é que, quando puxamos o fio da memória, as lembranças chegam depressa. Mas, para você entender o que vou contar, tenho que voltar um pouco no tempo.

Meu pai tinha duas bancas de jornal. Trabalhava feito louco em uma enquanto minha mãe trabalhava em outra. Eu ainda era bebê de colo quando minha mãe começou a me carregar para cima e para baixo entre as bancas. Ela acordava todos os dias, me tirava da cama e me levava com ela até seu local de trabalho. Cresci na banca, sentindo toda manhã o cheiro da urina de todo mundo que fazia suas necessidades ali durante a noite e minha mãe tentava disfarçar com água.

Por isso, eu valorizava ver meus pais trabalhando e se desdobrando em mil para levar sustento para casa. E, quando chegou a hora de ir para a escola, meu pai fez o que pôde para pagar um colégio particular, porque queria que o filho tivesse a oportunidade que ele jamais tinha tido.

Só que o improvável aconteceu. Entrei na antiga 1ª série e logo repeti de ano. Era um menino que não gostava de estudar, nem de prestar atenção na aula, e não fazia ideia de que aquela falta de atenção teria consequências tão sérias que mudariam a minha vida para sempre.

E isso nos leva a um episódio que posso chamar de "Colhendo o que plantei", ou até de "Entendendo as consequências dos próprios atos".

Seja lá como você decida chamar essa fase, eu já te digo: foi cedo, ainda na 1ª série, que entendi que escolhas ruins traziam resultados desastrosos. E aprendi isso da pior maneira possível.

Naquele momento, vendo a minha inércia diante da escola, sem me esforçar para estudar, meu pai tomou uma decisão. Ele se matava para pagar a mensalidade de um colégio particular enquanto o filho repetia a série. Era como um ano jogado no lixo. Nervoso com o boletim, ele olhou bem fundo nos meus olhos e disse:

– Você quer ser malandrinho? Além de eu não ter grana pra pagar, você repetiu de ano. Vou te colocar na escola estadual.

Fiquei com aquela frase martelando na cabeça, sem saber ao certo o que significava aquela mudança toda. Estava acostumado com o cheiro da pipoca doce em frente à escola de freiras, com o mundo organizado das crianças de uniforme que andavam em fila. Quando começaram as aulas na outra escola, finalmente entendi a mudança e o que aquela mensagem do meu pai significava de verdade.

Das coisas que eu lembro bem da infância, esse dia foi um dos mais marcantes. Eu tinha oito anos e, mesmo tendo sido criado na Boca do Lixo, sabendo o que era bom e o que era ruim, já conhecendo *arminhas* como o canivete, que já tinha até levado para a escola e mostrado para uma freira na tentativa de assustar, fiquei apavorado com o que vi na escola estadual.

Aquela realidade era completamente diferente da que eu tinha vivido na escola particular. Era tudo tão contrastante que me chocava. O cheiro insuportável do banheiro dos meninos, os moleques roubando mochila no intervalo, o bandejão com aquela correria para pegar um achocolatado...

Era como se eu saísse do País das Maravilhas da Alice e entrasse na vida real. Mas aquela era a minha vida real. Aquelas crianças eram filhas das pessoas que moravam no mesmo prédio que eu. Ali tinha de tudo.

A chave virou com aquele golpe de realidade. A fantasia da cena do pipoqueiro feliz na saída da escola tinha acabado. Naquele lugar não tinha ninguém vendendo pipoca doce. Ali era tudo amargo. Foi só então que eu entendi que quem tinha nascido na Boca do Lixo, num apartamento com vitrô quebrado, e passado a infância sentindo cheiro de mijo na frente de uma banca de jornal não ia ter muita oportunidade na vida.

Talvez aquele menino que eu era já soubesse de uma coisa: a Roda da Fortuna não gira para quem fica parado esperando. Eu tinha aprendido uma grande lição e nunca mais ia me esquecer daquilo. Meu pai tinha me dado uma oportunidade para que eu estudasse na melhor escola, mas eu não tinha aproveitado e estava pagando o preço da minha falta de atitude.

Daquele dia em diante, um novo Igor nasceu dentro de mim. Era um menino que estava assustado com a realidade que se apresentava, mas que sabia se adaptar à vida. Sabia que reclamar daquilo não ajudaria em nada e, principalmente, sabia que quem tinha passado fome no Nordeste, como meus pais, já via o sofrimento como parte da vida.

Um mês depois, eu já estava adaptado. Não podia me dar ao luxo de não me adaptar. A vida exigia de mim que eu crescesse. Assim que meu pai percebeu o menino que eu me tornava, decidiu:

– Já está na hora de trabalhar.

Eu tinha nove anos.

2
ADAPTAÇÃO

Impossível é apenas uma grande palavra usada por gente fraca, que prefere viver no mundo como ele está, em vez de usar o poder que tem para mudá-lo, melhorá-lo. Impossível não é um fato. É uma opinião. Impossível não é uma declaração. É um desafio. Impossível é hipotético. Impossível é temporário. O impossível não existe.
MUHAMMAD ALI

Comecei a escrever este livro aos 37 anos. É curioso como aos poucos vou me lembrando dos capítulos da minha vida que me trouxeram até onde estou hoje. Por um lado, continuo na Boca do Lixo, com um escritório no meio da Cracolândia. Por outro, sei que não sou mais o mesmo menino de tantos anos antes – e sei exatamente quais características promoveram essa mudança.

A primeira delas é a capacidade de me adaptar.

Olhando para trás, sei que isso vem da infância, quando tive que engolir a realidade nua e crua, sem maquiagem, sem fantasia, sem ilusão, acordando cedo para ir trabalhar, estudando em uma escola onde precisava me defender com um canivete pra não ser roubado, andando em becos escuros e sendo respeitado como o filho do jornaleiro.

Capacidade de adaptação é uma das características mais importantes para quem quer se dar bem na vida, porque, enquanto é muito fácil se acostumar com coisa boa, quando tudo fica difícil, o processo de adaptação pode ser lento e doloroso. Por isso, se você desenvolve a capacidade de se adaptar, conseguirá encontrar mais facilmente dentro de si a força e a felicidade necessárias para seguir em frente.

Talvez você tenha vivido uma infância difícil, talvez não. Mas hoje, depois de criar uma marca do zero, me posicionar no mercado e fazer a empresa crescer absurdamente num período em que todo mundo está quebrado e falido, sei que venci principalmente porque soube me adequar às coisas. Nunca esperei o vento soprar a meu favor: eu mesmo sempre fiz o vento soprar para onde eu queria.

Foi por causa das minhas experiências e dificuldades lá de trás que eu aprendi a me adaptar, a distinguir a vibração da galera, a perceber como as pessoas estão, a entender que a cabeça do cara que trabalha no estoque está confusa porque ele está vivendo um problema com a mãe que não consegue resolver, que o pessoal não está rendendo na reunião porque teve problemas em casa e talvez não tenha conseguido se desligar.

Entender que cada cabeça é um universo e que é possível crescer na vida com confiança, mesmo tendo nascido dentro de uma quitinete em um prédio cheio de ladrão e gente ruim, é aprendizado.

Com nove anos, eu já estava completamente adaptado à escola nova, mas, mesmo convivendo com pessoas de índole duvidosa, não me transformava por dentro. Nunca deixava o ambiente me mudar.

Nessa época, os valores e a sabedoria do meu pai ajudavam muito, e talvez fosse por saber disso que ele fazia com que eu me enfiasse na banca para trabalhar. Não queria filho vagabundo, nem filho com a mente vazia, que certamente era oficina do *coisa ruim*.

Por isso, todo dia eu ia trabalhar na banca, aprendia a dar valor ao dinheiro que ele trazia para casa e percebia que as coisas só vinham com um esforço incansável.

Além do mais, eu tinha consciência de que o que era meu tinha que ser conquistado. Não podia pegar o que era do outro. Foi assim que, de um jeito árduo, entendi que trabalho era fonte de renda, ainda criança.

Hoje, com dois filhos, um quase com a idade que eu tinha quando comecei a trabalhar, sei bem que a única coisa que nos faz dar valor às conquistas é essa realidade, às vezes devastadora.

Mas as coisas foram melhorando para o meu pai. Com muito trabalho, ele conseguiu comprar mais uma banca, e outra. Só que a gente continuava morando no mesmo lugar de sempre. Ele dizia que mudança era coisa de nômade, e se naquele tempo eu achava que ele poderia mudar de ideia, hoje sei que jamais vai sair do lugar.

Mesmo que pudesse comprar uma mansão, meu pai decidiu que sua vida seria ali, onde tudo começou. Trinta e sete anos depois do meu nascimento, ele continua vivendo exatamente no mesmo lugar. Mas o apartamento não é tão pequeno. Em vez de se mudar, ele foi comprando os apartamentos vizinhos, quebrando as paredes e demarcando seu território.

Essa mania do meu pai de conservar as raízes talvez tenha feito com que eu também me apegasse às minhas. Muita gente me pergunta o porquê de a sede da minha empresa ser justo num dos lugares mais precários da cidade de São Paulo.

Hoje em dia, eu ainda sinto muitas vezes aquele cheiro que sentia quando acordava e ia para a banca, e não pretendo nunca me esquecer de onde vim. Saber de onde a gente vem é conservar a nossa essência. Só assim o dinheiro não corrompe e a ilusão de uma vida vazia, não tira a nossa paz.

Mas se engana quem pensa que foi só meu pai quem me ensinou a ter força. Lá em casa, desde pequeno eu via que mulher forte era minha mãe, que não se abatia por nada. Qualquer tempestade era pouca para ela, que sempre sabia manter a calma quando o tempo fechava por qualquer motivo.

D. Rosa, mesmo com nome de flor, sempre foi a rocha da casa, a pessoa mais forte, centrada e lúcida. Sempre falou pouco, mas, até hoje, quando fala, fala corretamente. Minha mãe é uma pessoa de equilíbrio que me fez entender de onde vem a força de verdade. Mesmo que meu pai tivesse garra, era ela quem tinha uma fortaleza interna inabalável. Aprendi a ser assim, me adaptando às mudanças sem me deixar abater por elas e enfrentando a vida com coragem.

Foi no começo da adolescência que eu descobri uma nova paixão. Quando meu pai deixou as letras do jornal de lado e foi vender música foi que eu entendi que dava para fazer o que se gostava.

Não sei se no dia em que pisei pela primeira vez naquela loja de CDs eu tinha ideia de que a música transformaria a minha vida. Mas de uma coisa eu tinha certeza: minha história parecia estar ganhando um novo capítulo. Eu já era feito de um material mais resistente que vinil.

Se hoje sei administrar qualquer etapa do *business* é porque tenho a consciência de que, quando a vida não está legal, é preciso colocar a cabeça no lugar e esfriar a mente para conduzi-la de volta ao eixo.

Eu sabia dançar conforme a música. E percebi que isso era o segredo da vida. Sabia que as tempestades viriam sempre com força, mas se a minha força fosse maior, independentemente da destruição que elas causassem do lado de fora, meu interior poderia resistir ao caos como tinha resistido durante toda a minha vida.

Eu era um sobrevivente da Cracolândia. Tinha resistido e decidido não escolher o crime. Tinha escolhido, conscientemente, ser quem eu era, mesmo com as tentações que pintavam tentando me corromper.

E, para sobreviver ao caos, "adaptação" é a palavra de ordem.

Hoje sei que o que fez com que eu sobrevivesse no empreendedorismo não foi minha força, nem minha coragem. Foi minha capacidade de me adaptar às mudanças que se apresentavam. Num cenário que oscila o tempo todo, numa economia instável como a nossa, numa turbulência política, o que me faz sobreviver, seja quando fechamos no vermelho, quando empatamos ou quando criamos um otimismo incontrolável diante de um faturamento absurdo, é a capacidade de me adaptar.

Adapte-se ou morra. Essa é a regra número 1 se você quer chegar a algum lugar.

3
CONFIANÇA

Onde estiver, seja lá como for
Tenha fé, porque até no lixão nasce flor.
RACIONAIS MC's, "Vida Loka, parte I"

Logo que comecei a trabalhar, meu pai me acordava às sete da manhã e me fazia levantar na base do grito, dizendo que não era hora de estar na cama. A estratégia era clara: enquanto via as crianças da região irem para a bandidagem, ele sabia que o filho estava se empenhando para levar dinheiro para casa de maneira honesta.

Ele sempre dizia que a vida não era fácil. Confiava que tudo tinha que dar certo para quem caminhava pelo certo. Eu o ouvia dizendo aquelas coisas e começava a entender melhor a vida como ela era. Tudo começou porque ele sempre bateu na tecla de que nessa vida a gente só vale o que tem.

– Se não tiver nada, não vai ter moral com ninguém, vai ser só mais um – ele dizia. E eu sabia de uma coisa: não tinha nascido para ser mais um.

Logo que ele começou a loja de CDs, eu queria ser DJ e dizia que gostava de "música de preto". Era a tal *black music* chegando com tudo para fazer presença no Brasil.

De Marvin Gaye a Michael Jackson, eu ouvia tudo que chegava à loja. Desse período, é um outro cheiro que permanece na minha memória olfativa: o do vinil novinho que vinha pronto para ser vendido.

Eu ouvia as músicas e ao mesmo tempo me entupia de arte. Assistia a filmes de gângster e começava a entender o que era racismo. Saber como tudo funcionava me enjoava.

Via meu pai com uma alma iluminada, sem nunca ligar para cor de pele. Descendente de índio, nordestino e negro, ele tinha uma autoestima e uma postura tão incríveis que me faziam ter orgulho do cara que eu chamava de pai.

Como eu já disse, ele sabia se posicionar em qualquer lugar e, mesmo sabendo onde morava e de onde vinha, não abaixava a cabeça para ninguém.

A nossa loja ficava na Galeria do Rock. Para ser mais específico, no subsolo da galeria. Era como se fosse o tal do Bronx, e eu estava nele. Eu respirava e vivia *black music* na primeira loja especializada no gênero em São Paulo.

Conforme eu ia ouvindo as músicas, aquele *rap* de protesto, ia entendendo mais da vida e da minha própria realidade. Um grupo brasileiro de *rap* fundado por um cara chamado Mano Brown começava a surgir na cena musical, e eu me identificava com as letras que denunciavam a destruição na vida dos pobres da periferia, o preconceito, o racismo, a miséria e como tudo isso estava ligado ao crime.

Ao mesmo tempo, surgia um nome que se tornaria referência nesse meio: Dr. Dre, que anos depois seria um poderoso chefão da indústria do entretenimento. Mas, na época, ele era do gueto e vivia numa das regiões mais perigosas do subúrbio de Los Angeles, dominada por gangues. Por isso, suas músicas traduziam o que eu vivia.

Conforme meu interesse por música aflorava, eu passava a frequentar lugares que se tornariam o berço do *hip-hop* em São Paulo. Foi no metrô São Bento que eu vi pela primeira vez uma parada que se chamava *break*. Eu ficava impressionado com aqueles passos diferentes, com o cabelo *black power* dos caras e com o movimento que começava a se formar.

Era uma reunião de dança, *rappers*, DJs, grafiteiros, todos os elementos da cultura *hip-hop*. No meio daquela gente toda, eu ia fazendo amigos. Um deles se tornaria uma das maiores revelações de *hip-hop* do Brasil da década de 2000. Seu nome era Emicida.

Além do Emicida, conheci também um sujeito que, na época, ainda não havia estourado como uma das maiores vozes da nova geração da música brasileira: o Criolo. Dava para ver que alguma coisa de importante nascia ali. Fazer parte daquele movimento era quebrar um paradigma do *rap* que, para quem não conhecia a fundo, era um estilo musical que só falava de bandidagem e ladrão.

Esses artistas levaram o *rap* para outro patamar, e eu me identificava com as letras, que me enchiam daquela autoestima que meu pai já tinha de berço. Estudava a vida de Malcom X, um ativista pelos direitos negros dos Estados Unidos, lia sobre Gandhi e Martin Luther King e começava a perceber uma ligação entre esses caras. Todos eles, cada um à sua maneira, tinham um discurso que levantava a galera e fazia o povo ter autoestima. Era a confiança de que eu precisava para vencer na vida. Eu era um moleque que vinha de uma escola pública e precisava me posicionar para ser respeitado.

Na loja, eu sentia que precisava entender daquele universo para poder vender. E de vendas eu entendia. Eu sabia que queria vender desde a época da banca de jornal. O que eu não sabia era que isso era vontade de empreender, e que sem vender não existia empreendedorismo. Aliás, essa palavra nem estava na boca de ninguém naquela época. A gente precisava era se virar para levar comida para a mesa e tentar um futuro melhor.

Ainda pequeno, quando via minha mãe na banca, já pegava fichas telefônicas, brinquedos e revistas e forrava o carro do vendedor do lado, que ficava estacionado na rua de trás, para vender ali.

Eu gostava de levar dinheiro para casa e sabia que minha mãe ficava orgulhosa quando me via trabalhar. Era aquele sorriso que me motivava a voltar com o dinheiro feito de maneira honesta naquelas esquinas da avenida Duque de Caxias.

Fui crescendo na loja de CDs, e trabalhava feito um louco para ser o cara que mais vendia ali. Competitivo, eu sabia que não queria que ninguém vendesse mais do que eu, e isso me mantinha com a chama acesa.

Eu sempre fui apaixonado por vender. Não era o dinheiro que fascinava: era a competição, o contato com as pessoas, a argumentação. Nunca foi a grana. Até hoje eu gosto mais de fazer negócio do que de ganhar dinheiro. Continuo competitivo; não sei perder nem para o meu filho, mas, se não o deixo ganhar enquanto não for bom, é porque aprendi que nada vem de graça nessa vida.

Na época, eu queria ser o melhor vendedor. Queria bater as metas da loja e mostrar que sabia vender mais e fazer a diferença. O espírito da competição tem tudo a ver com isso. Perder no futebol e no skate era irrelevante, mas nas vendas eu não admitia perder para a concorrência.

Era assim que eu fazia as lojas do meu pai darem certo com pouca mercadoria à disposição. Diziam que eu era um fenômeno nas vendas, e, embora eu não soubesse muito da teoria, sempre sabia o que o cliente queria antes de ele dizer.

Com o olhar treinado, eu tentava observar gestos, postura e jeito de encarar os produtos da loja.

Quando o cliente entrava em cena, eu tentava entender o gosto e o bolso dele. Esse era o segredo para não deixar ninguém sair da loja sem comprar nada. Mas apenas recentemente descobri que só sabia vender porque desde cedo estudava o comportamento das pessoas. Um bom vendedor tem que ter a magia de encantar clientes, mas, acima de tudo, precisa entender de pessoas.

Um sujeito que não se conecta com o outro jamais vai conseguir perceber o que precisa ser oferecido e o que aquela pessoa necessita naquele momento.

Mesmo que um determinado item estivesse encalhado, eu achava uma maneira de fazer com que aquilo se tornasse valioso para o cliente. Uma época, havia um CD encalhado que ninguém queria nem de graça. Só que naquele CD havia uma música que encantava as pessoas que ouviam. Um dia, um cliente entrou e começou a me contar uma história. Imediatamente nos conectamos e eu expliquei que sabia exatamente a música que o faria chorar naquele momento.

Ele ouviu a música, a do CD encalhado, e pagou três vezes o preço do produto. Naquele dia aprendi que tudo que você procura e acha tem um preço.

Aos poucos, a vida ia ensinando o que eu não tinha aprendido na escola. Aos poucos, a música, a rua e as pessoas começavam a ser minhas maiores professoras. Eu vivia um dia de cada vez e, quando me frustrava, sabia que os Racionais estavam certos: na vida, *Nada como um dia após o outro dia.*

Meu dia ainda ia chegar. Eu tinha a confiança no meu DNA e sabia que desistir não era uma opção. Sempre digo para os moleques que vêm atrás de mim: a dica é confiança.

Sem ela, você entra em um negócio "achando" que pode dar certo e não tem a certeza necessária para sair do zero.

O "acho" e o "talvez" não podem acompanhar o aspirante a empresário, o empreendedor ou o jovem que está começando a sonhar em construir algo. Porque se você só "acha" que pode dar certo, você considera que pode dar errado.

Evidentemente, a vida não é uma linha reta e o caminho não é linear, mas, apesar das bifurcações, a confiança é a maior alavanca que conheço para tirar uma ideia do papel ou iniciar uma negociação qualquer.

Quem empreendeu sem dinheiro na mão sabe do que eu estou falando. Empreender sem ter grana sobrando requer confiança, simplesmente porque não temos tempo para errar e nem nada a perder.

Com dinheiro, você tem como errar e corrigir o erro. Sem um tostão na mão, você não pode se dar ao luxo de errar ou sequer de ficar doente. Quem começou de baixo sabe do que eu estou falando: ser o caixa, o vendedor, o estoquista, o comprador e o financeiro ao mesmo tempo, fazendo um malabarismo para fechar as contas no final do mês.

Talvez você seja uma pessoa que está começando e achando que vai existir hora certa, que só é possível iniciar um negócio quando temos todas as alternativas em mãos e pessoas-chave nos estruturando e dando sustentação para voar.

Acredite: começar um negócio não é como andar de bicicleta com rodinha. É ser empurrado na beira de um abismo sem rede de proteção, tendo que se sustentar com as próprias asas para não morrer, ao mesmo tempo que se aprende a voar com uma ventania soprando contra e uma águia tentando comer a sua cabeça.

Começar um novo negócio é isso: mergulhar num tsunami tentando surfar e se equilibrar na prancha sem se afogar.

Nada vai sair como você previu. As condições econômicas vão mudar, a política vai ter outras regras, as pessoas vão te trair e te decepcionar e muitos tirarão sarro de você por estar tentando apesar de tudo isso estar contra.

Só que aí tem o ingrediente surpresa que te dá forças para seguir em frente apesar de tudo isso. A tal confiança inabalável que te tira da incerteza e alimenta sua crença de que é possível reagir, alcançar e decidir por você mesmo.

Esses anos iniciais de dedicação total estão tão gravados em mim que mesmo hoje sei que não posso faltar, que não posso deixar de trabalhar nem um dia. Firmei esse compromisso comigo mesmo lá atrás, quando decidi tocar a minha loja, e, mesmo já tendo uma operação gigante, tenho em mente que preciso ficar de olhos bem abertos para não deixar a peteca cair.

Será que você tem essa consciência de que a confiança deve ser aliada ao trabalho duro? Porque ser confiante é diferente de ser irresponsável, de fazer as coisas correndo, de não medir consequências dos seus atos, de achar que tudo vai dar certo e não trabalhar para que as coisas efetivamente aconteçam.

Ter confiança é entender que tudo pode te favorecer, desde que você trabalhe. Não tem milagre nisso. Hoje vejo no varejo muitas pessoas precisando de motivações insanas para fazer o básico, que é levantar da cama e dar o seu melhor enquanto têm uma remuneração em troca do trabalho.

É uma geração que chegou acreditando que tudo vem fácil, que é preciso ter as condições certas para começar, ou que espera a motivação vir de fora e chamar para a ação.

Pode até ser que este livro faça algum efeito na sua vida, mas só se você guardar essas palavras dentro do seu coração. Não adianta imaginar que a mágica vai acontecer sem muito suor. Essa utopia juvenil faz com que pessoas passem a vida acreditando em momentos de sorte que nos favorecem quando bem entendem.

A vida é um emaranhado de situações que vamos resolvendo e enfrentando conforme crescemos e aprendemos a lidar com velhos e novos desafios.

Não existe nada que cai do céu, mas, nessa caminhada, se você confia que tem alguém lá em cima ou uma força superior com que pode contar para ter coragem e não desistir, ou simplesmente para ter vontade de levantar da cama e chamar o adversário para a luta, fica mais fácil reunir força e coragem para correr atrás dos seus objetivos.

É com coragem que se escreve uma história de verdade, e essa história não pode ser rabiscada de qualquer maneira. Se você quer uma vida com muito resultado, precisa arregaçar as mangas. Confiar sempre, mas lembrar que, sem ação, nada muda na sua vida.

Hoje sei que aprendi 90% de tudo na vida sozinho. A vida foi a mestra com quem decidi aprender sem muita chance de errar. Já briguei com Deus e fiquei bravo com Ele em discussões intermináveis nas quais perguntava a mim mesmo se haveria esperança em tempos sombrios.

Conforme fui crescendo, fui vendo que cada coisa tem seu tempo. E o tempo de Deus é diferente do nosso. Só com o tempo a gente aprende certas coisas, como que a confiança se adquire, mas ela pode também modificar o rumo das coisas se não estivermos no caminho certo.

Escolha seu caminho, determine o trajeto em que quer estar e foque o resultado que precisa ter. Daí em diante, siga em frente, mesmo com medo, porque o medo é uma porta que precisamos atravessar para enxergar o que está do outro lado.

A confiança é a chave para abrir esta porta. Decida confiar. Sempre.

4
INDEPENDÊNCIA

*Sem GPS pra vitória,
cada um faz seu destino.*
CRIOLO, "Plano de voo"

Quando eu era pequeno, não conseguia entender o jeito do meu pai de jogar a mim e ao meu irmão para a vida. Tínhamos uns vizinhos com uma realidade bem diferente da nossa. O pai deles era contador e não deixava faltar nada em casa. Se matava de trabalhar e colocava as crianças na escola particular, mas o que me deixava enfurecido era que eles sempre tinham iogurte e bolacha recheada à vontade.

E eu nem sabia o que era café da tarde.

Por isso, adorava ir à casa deles. Sabia que lá sempre tinha coisa boa. O pai deles levava as crianças para o Guarujá e eu chegava em casa mexido com aquilo. Numa dessas, perguntei para o meu pai, com cara de triste:

– Pai, por que você não é que nem ele?

Meu pai me olhou de um jeito diferente. Acho que ele sabia que eu estava prestes a aprender uma lição.

– Filho, cada um tem um bolso diferente.

Eu engoli aquela resposta a seco, mas continuei ficando furioso, porque a vida deles aparentemente era muito mais legal que a minha. Eles desciam do apartamento com iogurte na mão, viajavam, estudavam na escola bacana. O pai dava tudo para eles, e, enquanto eu trabalhava feito louco, eles ficavam em casa assistindo à televisão e fazendo lição de casa ou brincando.

Depois de um tempo, essa família foi morar em outro prédio e perdemos contato. Foi só muitos anos depois que reencontrei esses amigos. Com cara de quem aprendeu uma lição bem tarde, uma dessas amigas me disse:

– Você viu que quem estava certo era seu pai, né?

Fiquei ali raciocinando sobre o certo e errado, mas a conclusão da minha amiga me deixou pensativo.

– Meu pai foi mandado embora, só comprou um imóvel, gastou o dinheiro todo com a gente e hoje não tem grana. Hoje todo mundo é formado, mas, como sempre vivemos na asa do pai, não sabemos voar sozinhos.

Eu me lembrava do meu pai acordando a gente às sete da manhã no grito para ir trabalhar. Naquela época eu nem sonhava que um dia teria mais de quarenta lojas nos lugares mais badalados de São Paulo. Não sabia que um dia teria uma loja da Nike, nem que ia criar a Kings.

Esse voo só foi possível porque meu pai empurrou a gente do ninho logo cedo.

Asa boa é aquela que fica forte logo cedo para voar sozinha. Ser independente sempre me favoreceu em todos os sentidos, porque, quanto mais tentamos nos apoiar nos outros, mais preguiçosos ficamos.

Um filho que depende da herança do pai e não rala para conquistar seu lugar ao Sol, um empreendedor que consegue um sócio investidor no começo e não entende como fazer a empresa faturar, uma pessoa que não consegue desenvolver as próprias asas – nenhum desses é capaz de voar sozinho em nenhum momento da vida.

Reflita sobre a sua independência. Perceba se a sua história estimulou sua liberdade ou fez com que você se acostumasse a ser protegido e ajudado, ou mesmo se ainda só se sente seguro quando alguém está controlando tudo.

Independência traz liberdade, e você só consegue ser livre para criar o seu negócio da maneira como o enxerga se estiver preparado para alçar esse voo sem se escorar em ninguém.

Muitas pessoas, no empreendedorismo, só conseguem pular com rede de proteção. Essas pessoas não se arriscam e não conseguem chegar muito longe, porque são limitadas pelas barreiras que elas mesmas colocam em suas mentes.

São pessoas que têm medo de se lançar ou de seguir a própria intuição. Muitas têm medo até de expor as próprias ideias, porque estão habituadas a copiar ideias alheias.

Há também aqueles que não conseguem ter qualquer discernimento das coisas, porque nunca pensaram por si próprios, sempre reproduziram o pensamento dos outros, seja da televisão, da internet ou do amigo mais popular.

Independência é saber o que pensar. Pensar sozinho e saber o momento certo de agir, sem precisar consultar ninguém para tomar as próprias decisões. Guiar a si mesmo pelo GPS interno, em vez de olhar estatísticas e estudos.

A vida exige mais que coragem, e construir algo só é possível quando nos damos a oportunidade de criar um projeto em que ninguém pensou antes.

Independência no negócio é poder arriscar sem medo do que as pessoas vão dizer, sem medo de perder, sem ter que prestar contas se houver fracasso. Arriscar só é possível quando somos independentes. E só somos independentes se nos lançamos pela vida sem medo de perder o que conquistamos ou o que pode vir a ser conquistado.

Eu desafio você a questionar se é mesmo independente ou se ainda está vivendo embaixo da asa de alguém. Porque é cômodo saber onde pisar, mas, se queremos a liberdade que merecemos, precisamos caminhar para mais longe do que achamos que podemos.

No final das contas, sempre conseguimos ir adiante quando damos aquele passo decisivo em direção à nossa liberdade. As provas disso em minha vida foram muitas. Desde a compra do meu primeiro apartamento até hoje, não parei de subir degraus.

Só que ser independente tem seu preço: ao mesmo tempo que nos colocamos em posição de liderança, ou deixamos de precisar de fatores externos que nos mantenham de pé, também nos sentimos sozinhos quando caímos.

As quedas são inevitáveis. Assim como você caiu no chão inúmeras vezes quando começou a caminhar, conforme passar a andar com as próprias pernas na vida adulta, vai cair e se machucar.

É dolorido e, em alguns momentos, sofrido saber que talvez você tenha caminhado tanto que não há ninguém ao seu lado em quem possa se escorar. Nem sempre é fácil se levantar sozinho depois de uma queda tão brusca que te deixa desnorteado, sem saber de onde veio o empurrão.

Essa é a parte solitária deste caminho. Mas, acredite: para crescer, não tem outro jeito.

Muitos amigos ficaram reféns da opinião da família e se renderam a empregos medíocres que não os levariam a lugar algum, simplesmente porque não acreditavam que podiam ir mais longe.

Sem dúvida, aqueles que conseguem sair do casulo e se libertar do peso da aprovação alheia já se sentem mais livres e independentes, e se colocam no caminho para tomar as próprias decisões.

Na verdade, a vida é um amontoado de decisões que precisamos tomar sem ter certeza de que nos levarão em direção a algum lugar. Aquelas decisões que nos deixam descabelados e sem sono certamente são decisivas para o futuro e a independência que queremos.

Eu só cresci de verdade, como ser humano e como profissional, quando me decidi pela independência, quando parei de escutar opiniões alheias e segui meu instinto, porque sabia que era um caminho sem volta me enfiar onde eu imaginava ser o lugar certo para mim.

Ser independente é confiar na própria intuição, seguir o seu caminho e bancar as próprias escolhas. Acredite: não tem nada mais poderoso para trazer satisfação para a sua vida.

5
POSICIONAMENTO

No que diz respeito ao empenho, ao compromisso, ao esforço, à dedicação, não existe meio-termo. Ou você faz uma coisa bem-feita ou não faz.
AYRTON SENNA

Me apaixonei ainda jovem pela mulher com quem viria a me casar. O nome dela é Débora. Começamos a namorar cedo, e logo propus que morássemos juntos.

Ela achou curioso quando eu disse que íamos comprar nosso apartamento, já que não tínhamos recursos.

– Meu pai me ensinou a não pagar aluguel – avisei a ela, que achou aquela teoria bem estranha, afinal, tínhamos acabado de nos conhecer e eu mal tinha onde cair morto.

Ela era independente e já morava sozinha, mas ainda não tinha sua casa própria.

– Em um ano teremos o nosso lugar para morar – eu disse para ela, arrancando uma risada.

Sempre fui um sujeito que, quando colocava algo na cabeça, não tirava tão cedo. Assim, depois de um ano juntos, lá estávamos nós, buscando um apartamento para morar.

Nos entreolhamos diante de uma plaquinha de "Vende-se" no bairro do Cambuci e apertamos a campainha sem medo do que viria pela frente. Entramos e apareceu uma senhora oriental muito séria.

– Quanto a senhora quer no apartamento? – perguntei, confiante.

Ela respondeu na hora que o valor era 60 mil reais. Eu tinha 10 mil reais guardados, e Débora, mais 10 mil. No total, vinte mil. Olhei para minha namorada, que sussurrou:

– A gente não tem 60 mil reais.

Alguma coisa me dizia que aquilo ia dar certo. Eu não sabia como, mas queria comprar aquele apartamento.

– Deixa comigo – falei.

Olhei para aquela senhora com o rosto marcado pela vida e perguntei, sem meio-termo:

– Olha, a senhora pegaria 20 mil reais agora e mais dez cheques de 4 mil?

Ela ficou me "escaneando" de cima a baixo antes de dar a resposta.

Aqueles segundos que antecederam a resposta foram de tensão, até que ela disse:

– Não sei por que, mas acho que tenho que vender esse apartamento pra você.

Assim, com 20 mil reais em mãos, compramos o tal apartamento no Cambuci. Aquilo seria um marco na minha vida; primeiro, porque eu não tinha a menor ideia de como poderia conseguir o dinheiro, segundo, porque eu simplesmente resolvi que aquela coisa ia dar certo. E quando eu coloco uma coisa na cabeça, faço o possível e o impossível para fazer acontecer.

Ao longo dos meses, fomos pagando o apartamento, com um dinheiro suado, mas com a certeza de que estávamos diante de uma bela conquista. E aquele era um grande aprendizado que eu levaria para o futuro.

Hoje vejo pessoas que querem começar um negócio e, de cara, ficam pensando: "Mas como vou arrumar essa grana?". Duvidam de si mesmas e não saem jogando. Ficam no banco de reservas da vida esperando a hora certa de entrar em campo.

Para mim, o único caminho sempre foi ir lá e agir. Do melhor jeito possível. Sem margem de erro.

Não adianta ter muita ideia no papel e zero iniciativa para colocar em prática. Isso vale para comprar um apartamento, conseguir um trabalho ou fazer dar certo aquele plano mirabolante em que você pensou enquanto estava tomando banho na segunda de manhã.

A vida espera que a gente se posicione. Não dá para ficar parado esperando a bola cair no nosso pé para chutar. É preciso ir lá, pegar a bola e começar a partida do jeito que der, com atrevimento, coragem. Mesmo que o resultado não seja aquela vitória que a gente imaginava.

Minha vida sempre foi prática, nunca teórica. Quando eu acho que tenho que agir, entro em ação. Entrar em ação significa não deixar a oportunidade que está diante de você se esfacelar.

Então é isso: a oportunidade pede uma posição, e é preciso se posicionar diante da vida e dos momentos que demandam escolhas. Toda escolha constrói o seu destino, e todos os momentos em que você está diante de bifurcações te dão a chance de optar pelo caminho que pode não ser o mais confortável, mas é o que seu coração aponta.

Desde cedo aprendi com meu pai a me posicionar diante da vida e, principalmente, a não deixar nada para o dia seguinte. Quando estou diante de uma proposta, me recuso a dizer: "Vou pensar e amanhã te respondo". Posicionamento, na maioria das vezes, tem que ser imediato. É que nem café:

tem que tomar quando ainda está bem quente. Se demorar, ele fica morno e aí não dá mais para tomar.

Meu pai é muito prático nessas coisas. Talvez eu tenha aprendido com ele a filosofia do "É ou não é". Na vida dele nunca teve meio-termo. Levar com a barriga é uma coisa que a gente nunca suportou ou soube fazer. Ele sempre dizia que é melhor uma derrota rápida do que um fracasso em banho-maria.

Enquanto isso, na loja, eu seguia apaixonado pelo que fazia, vendendo os meus CDs. Mas não tinha a menor ideia de como fazer para um negócio dar certo e ser minimamente lucrativo. Eu só aprenderia isso no dia em que meu pai resolvesse liquidar a última loja depois de falir as outras.

– Vou entregar o ponto – ele disse, sem pensar duas vezes, me olhando como alguém que aceitou desistir na hora certa.

Eu tinha 20 mil reais guardados na poupança. Ele sabia disso e talvez tenha dito que entregaria o ponto para testar minha coragem.

– Pai, deixa a loja comigo que eu faço o negócio virar.

Falei de uma vez só. Com a mesma certeza que tinha feito com que eu fizesse a proposta no dia em que comprei meu apartamento. Eu sabia que precisava colocar o pé e dar o primeiro passo para o chão se colocar debaixo dos meus pés.

Ele me olhou e foi rápido e certeiro:

– Então faz o seguinte: me dá os 20 mil reais que você tem guardados e eu te dou a chave.

Não pensei duas vezes para aceitar a proposta. Na hora do tudo ou nada, eu era de arriscar e colocar todas as fichas na mesa, sem medo de perder. Era aquele tipo de posicionamento diante da vida e das oportunidades que eu tinha aprendido.

É nesse momento que eu acredito que minha vida no empreendedorismo tenha começado de verdade. Eu não conhecia essa palavra e ela estava distante do vocabulário dos moleques da Cracolândia que tinham crescido comigo. Eu era só mais um jovem que queria se dar bem na vida sem passar por cima de ninguém, com valores, que não tinha sido corrompido, apesar de ver tanta sujeira no meio do caminho.

Como paguei meu pai com todo o dinheiro que tinha, raspando a poupança, tive que encontrar um jeito para sair do zero. É aí que entra o paradigma dos trezentos reais emprestados.

Talvez você conheça algum empresário que tenha dito isso, talvez não, mas a maioria dos caras que saíram do zero não tinham capital de giro nem dinheiro para a aquisição dos produtos.

Eu estava durinho da silva e precisava de grana para um único mês. Do resto eu sabia que podia dar conta.

Cheguei para o Fabinho, um amigo de infância, e pedi trezentos reais emprestados. O pai dele era português e tinha um boteco na Avenida Duque de Caxias. Como ele era filho do dono do boteco, tinha um pouco mais de dinheiro. Na época, ele nem pensou duas vezes. Quando eu disse que devolveria seiscentos reais, ele emprestou na hora.

Com o dinheiro, eu comprei uma caixa de CDs e coloquei na loja, e em um mês consegui os seiscentos reais para pagar o Fabinho, mais o dinheiro do aluguel. Alguma coisa tinha funcionado, embora minha única estratégia fosse trabalhar muito e dar duro sem pensar em mais nada.

Naquele momento, pedi mais trezentos reais.

Foi com essa grana que eu aprendi que nos negócios você não pode perder o *timing* das coisas. Eu tinha que fazer a roda girar.

Eu estava na selva e precisava fazer dinheiro. Mesmo com bons contatos e bons amigos, eu precisava vender discos. Foi assim que comecei uma nova trajetória. Eu sabia que, dali em diante, nada nem ninguém poderia me segurar.

O que aconteceu quando meu pai decidiu fechar a loja e eu decidi comprá-la foi uma virada de chave. Eu sabia que para ele não adiantava ter um negócio morno. Eu também não queria apenas empatar, mas precisava tentar para ver se tinha o DNA de um empreendedor. Mesmo sem saber ainda o que era esse DNA, eu precisava arriscar tudo numa única tacada.

Muitas pessoas preferem dar o passo seguinte somente quando têm certeza absoluta de que as coisas sairão da maneira como sempre desejaram em seus sonhos. Essas pessoas dizem tentar, mas não apostam todas as fichas naquilo que acreditam. Elas ficam esperando ter a grana do investidor, o dinheiro certo para a engrenagem girar e todos os ventos soprando a favor para poder sair do lugar.

Quando você não tem mais nada a perder, fica fácil correr atrás do que quer, porque não existe um cenário que vai te tirar daquele lugar.

Naquele momento, éramos eu e Deus. Fui com fé e esperança, sabendo que o trabalho duro numa simples loja de CDs poderia me levar àquela tão sonhada loja de *streetwear*. Não tinha a menor ideia de como fazer aquele sonho se realizar, mas tinha uma certeza: não ia morrer sem tentar.

Se hoje você tem um sonho e acredita nele, dê a si mesmo a chance de tentar. Aposte todas as fichas naquilo em que acredita e continue caminhando rumo ao que faz a sua alma vibrar. Acordar de manhã todos os dias para lutar por alguma coisa, mesmo que essa coisa seja se manter de pé num cenário caótico em que você jamais imaginou que estaria, é algo que só é possível quando você faz as coisas com o coração.

Se você não se posiciona a favor do seu sucesso, se você mesmo não acredita nele, suas chances de convencer alguém de que seu sonho é possível são mínimas.

Se você não colocar as cartas na mesa, não tem jogo. Se não decidir seguir adiante, mesmo com todas as previsões apontando que pode dar errado, com certeza vai dar errado.

Tudo depende de você.

Posicione-se e chegue ao lugar que só você consegue enxergar.

6
LUTANDO COM TODAS AS ARMAS

E mesmo quando eu estava perto da derrota,
Me levantei.
Minha vida é como uma trilha sonora
cuja batida eu escrevi.
DR. DRE, "Still D.R.E."

Como eu sou um cara antenado em música e moda, sempre quis ter uma loja *urban*. Eu vivia e respirava a moda de rua, sabia transitar naquele universo, e não via nenhuma marca representando essa tribo.

Eu não queria montar esse negócio por querer ter um negócio rentável, mas porque era algo que eu sabia que não existia no mundo, e o Brasil parecia o lugar certo para a ideia florescer. A ideia que fermentava na minha mente era uma loja que vendesse vinil junto com roupa, boné e outros acessórios.

O que eu queria era conservar o estilo de vida de onde eu vinha e concentrá-lo num lugar só. Porém, ao mesmo tempo, o clássico ia se perdendo e dando espaço para o novo. O vinil ia acabando e dando espaço para o CD.

Mesmo assim, eu sabia que, independentemente do dispositivo usado, tudo girava em torno da música que preenchia os espaços vazios dentro de mim.

Entre altos e baixos, eu sempre fiz os negócios pelo menos empatarem. Naquela época, eu aprendia como eram as regras do jogo e entendia que fazer *business* sem dinheiro, só com força de vontade, correria e *expertise* de negócio, não dá certo: chega um momento em que a conta não fecha.

É correr atrás do rabo o tempo todo. Você deve estar se perguntando: "Cara, você não me mandou arriscar tudo? Agora diz que a conta não fecha?".

Pois é: a conta realmente não fecha, senhoras e senhores. Não é só matemática pura, mas começar algo do zero, mesmo com toda a dedicação do mundo, é uma equação complicada. É preciso ter sangue frio, uma noite bem dormida que nunca acontece, porque as contas chegam bem depressa para acordar a gente, e muita vontade de fazer aquilo virar, nem que seja a última coisa a fazer na vida.

Lutar com todas as armas e não esmorecer. Era isso que eu tinha que fazer. Sem depender de mais ninguém.

Eu já entendia que fazer negócio sem dinheiro era como tentar fazer malabarismo com uma só peça, mas nem pensava em arranjar um investidor para tirar o projeto do papel. Eu era um sujeito que morava na Cracolândia, e, embora tivesse alguma ambição, ter um investidor nem passava pela minha cabeça, porque era algo que estava completamente fora da minha realidade de vida.

Nessa época, a minha realidade se resumia a um sonho, que era ter uma loja com música e moda. Mesmo sem saber como viabilizá-lo, eu conservava isso dentro de mim. Como eu era muito envolvido com *rap*, *break*, que via a galera dançar desde os onze anos, e grafite, respirava a moda de rua. Eu queria fazer uma loja *urban*, vendendo só para quem era de rua, e não para quem se vestia como surfista.

Ao mesmo tempo, minhas referências de pessoas que tinham dado certo na vida eram nordestinos que haviam vindo para São Paulo sem 1 real e em médio prazo tinham conseguido levantar algum dinheiro.

Para minha família, que não tinha nada, o pouco era muito. Nossa linha de raciocínio sempre tinha sido levantar cedo, dormir tarde e dizer, com o coração cheio de confiança: a gente vai conseguir.

Aquilo de certa forma ficava martelando na minha cabeça. De um lado, o sonho. De outro, todo o caminho que eu tinha que percorrer para chegar até ele – e eu sabia que sem muito trabalho não adiantava ficar sonhando. Se aquela loja fosse um dia ser de verdade, ela ia nascer de muito suor.

Hoje eu entendo a importância da energia e sei que, quando você tem um pensamento positivo, essas vibrações voltam para você ainda mais fortes, mas, mesmo naquela época, não era de ficar me lamentando e dizendo que as coisas não iam dar certo. Entendia que, mesmo num dia péssimo, reclamar não me ajudava a pagar as contas, nem fazia minha loja fechar no azul.

Se a conta não fechava num dia, eu pensava: "Hoje foi ruim, mas amanhã vai ser bom". Assim, as coisas caminhavam, com a certeza de que tudo poderia melhorar. Eu negociava com um fornecedor aqui, com um aluguel atrasado ali; não tinha tempo para choramingar. Não tinha mágica nem facilidade. O que me restava era acreditar, como um atleta numa final de campeonato, e entrar em cena todos os dias com a mesma energia, como se fosse o dia decisivo.

Nesses empates, e quando inevitavelmente o resultado não era tão bom assim, eu olhava para onde já tinha chegado e sabia que desistir não era uma opção.

Eu nunca desisti de nada na minha vida.

A única coisa da qual eu pensei em desistir um dia foi a faculdade de Direito, que eu bancava vendendo CDs alternativos. No último semestre, prestes a me formar, quase desisti, mas, mesmo detestando o curso, completei a formação.

Terminar a faculdade, mesmo numa universidade ruim, era uma vitória inominável. Mas eu sabia que, se fosse seguir a carreira de advogado, não teria a menor chance de competir com quem tinha tido uma boa base escolar. Eu era um menino que morava entre becos e vielas, filho de nordestinos, o que muitas vezes é visto como algo negativo, e formado numa escola pública que não tinha me dado base para sustentar nenhuma carreira brilhante.

Mas eu tinha o sonho de sair daquela realidade. De parar de sentir o cheiro de mijo sempre que acordava, porque minha memória olfativa era boa demais e sempre me levava para os dias ruins daquela infância sofrida.

Eu não seria advogado, mas ia ganhar a vida do meu jeito. Honestamente e construindo algo que fizesse sentido.

Tinha entendido que aquele diploma fora praticamente "comprado" e a universidade em que estudara era um caça-níquel para quem não tinha condição de entrar numa melhor. Por isso, para mim, esse lance de estudar e ir atrás de um trabalho não ia funcionar.

A minha linha de raciocínio era empreender. Na época, a palavra "empreendedorismo" não era usada. As pessoas usavam expressões como "abrir meu negócio" ou "ter negócio próprio".

Minha lojinha de CDs na Galeria do Rock fazia de mim um comerciante mediano que conseguia empatar as contas no final do mês, mas que tinha muitos sonhos na gaveta. Um desses sonhos foi o que literalmente abriu as portas da Kings.

Eu nunca tinha imaginado aquele nome até então. Só que, em determinada noite, tive um sonho. A imagem era clara: existia um letreiro grande no qual estava escrito a palavra "Kings". Quando acordei, sabia que era coisa de Deus. Levantei, fui direto para um lugar onde vendia placa PVC e disse:

– Quero que você faça uma placa com a palavra "KINGS" em preto e dourado.

A encomenda estava feita. Era um sonho saindo do mundo da imaginação e começando a se materializar. Eu nem suspeitava aonde chegaria com aquela ideia.

Cheguei na loja de CDs, tirei a placa que dizia "New on Records" e coloquei a que dizia "Kings". Até hoje, quando conto a história para meus melhores amigos, que são ateus, eles debatem e insistem em não acreditar. Para mim, só pode ter sido Deus quem colocou aquele nome na minha cabeça. Não existe outra hipótese aceitável para eu ter sonhado com um nome que jamais tinha visto em lugar algum.

Aliás, essa não foi a única vez que senti como se Deus estivesse falando comigo. De vez em quando tenho algumas ideias que aparecem do nada e resolvo investir nelas. Sempre dá certo. Muito certo.

Acredito que a intuição é um sopro de Deus, te ajudando a tomar a decisão certa. Deus já se mostrou muito na minha vida, por isso, não posso duvidar da sua existência.

Em 2008, anos depois da abertura da Kings, eu notaria que andar com fé era um grande negócio.

Ainda me lembro do dia em que eu tinha três boletos de 10 mil reais cada para pagar. O desafio é que, apesar de ter 30 mil reais em boletos, eu só tinha 10 mil reais no banco. Cheguei ao caixa munido das contas na raça e na fé, entreguei o primeiro boleto e esperei a atendente responder.

Para minha surpresa, ela disse:

– Não existe esse boleto.

Então, dei o outro e ela respondeu:

– Estranho, o vencimento desse se prorrogou sozinho para daqui a quinze dias.

O último era o único que estava normal. E eu paguei com o último dinheiro que tinha, os últimos 10 mil reais.

Essa, para mim, é uma prova de que existe alguma coisa. Não acredito no Deus loiro de olhos azuis, mas acredito numa força sobrenatural muito maior que a gente. Uma força que nos favorece quando estamos lutando com as armas do bem, quando estamos conectados com nossos valores, quando estamos conscientes dos riscos, mas, mesmo assim, não paramos de lutar por aquilo em que acreditamos e continuamos seguindo em frente de cabeça erguida.

Vou na fé, não na sorte. Sempre.

7
PLANOS SÃO SONHOS EM AÇÃO

> *É necessário sempre acreditar que o sonho é possível*
> *Que o céu é o limite e você, truta, é imbatível.*
> RACIONAIS MC's, "A vida é desafio"

Eram meados de 2006 quando um cara conhecido como Shin entrou na minha vida. Eu vendia CDs na minha loja, mas inventava uma nova moda: um *atacarejo,* que era um atacado com varejo.

A loja já era voltada para a *black music*, mas eu tinha me especializado em *rap* nacional no atacado. Nessa época não existiam marcas *streetwear* no Brasil, só no exterior.

Eu queria bonés do tipo "aba reta" e precisava pedir para quem ia aos Estados Unidos. Conforme fui conhecendo essas pessoas, me conectei com um cara em Mato Grosso que tinha uma loja *urban* só com marcas nacionais. Meu sonho não era montar um negócio só com marcas nacionais, era ir além disso, mas esse cara tinha conseguido alguma coisa e, por coincidência, começara a comprar CDs no atacado para colocar na loja dele.

Logo ficamos amigos, e ele me apresentou o Shin, um skatista conhecido em Campo Grande, cujo nome verdadeiro era Elton Oshiro. Nós nos demos tão bem que decidi fazer uma proposta. Sempre muito apostador, lancei a ideia:

– Cara, a gente podia abrir uma loja dessas em Campo Grande... Quer abrir comigo?

Ele me olhou de um jeito curioso e respondeu imediatamente:

– Não, eu não tenho dinheiro.

Eu também não tinha, mas estava decidido a colocar aquele plano em ação. Fiz umas contas, perguntei quanto gastaríamos no ponto e começamos a garimpar algumas coisas. Falei para ele que com pouca grana abriríamos o negócio.

Passaram-se seis meses desde o dia do nosso encontro até eu vender o carro, ele vender a moto e nós dois abrirmos uma loja em Campo Grande.

Era a loja *urban* com que eu estava sonhando. Vendíamos disco, CD e roupa. O nome da loja era Abstrato, o que só refletia o tanto de ideia maluca que nós dois colocávamos em prática.

Fizemos uma inauguração com DJ e a cidade inteira ficou impactada, mas o que eu não sabia é que Campo Grande não estava preparada para uma loja daquele tipo.

Eu ainda era imaturo, levava a mercadoria de ônibus de São Paulo até lá e corria contra o tempo para administrar as duas lojas, até que um dia minha esposa perguntou:

– Por que você tem uma loja tão longe que não dá dinheiro?

Não fazia o menor sentido. Mesmo sem falir, ela não dava grana para nós dois nos sustentarmos. Então, demos um passo para trás. Nos desfizemos da loja e eu entendi que, além de ela ser mais recheada de coisas antenadas do que a minha aqui em São Paulo, era um sonho para um menino grafiteiro de uma região que não tinha nada.

Foi aí que decidi que o passo seguinte era ter um negócio mais perto de onde eu estava. Encontrei uma loja em Campinas, peguei as roupas que tinham ficado da minha parte na Abstrato e coloquei nesse novo lugar, que já tinha um pouco do que eu estava imaginando: CDs, roupa estilo *urban* e música.

Mas eu não queria correr o risco de perder aquela oportunidade por má administração. Eu sabia que, mesmo se eu fosse um camelô, a partir do momento em que tivesse duas barraquinhas, precisaria ter alguém me ajudando a gerenciar. Na minha cabeça, era óbvio onde estavam as falhas e os acertos.

Hoje, vejo empreendedores começando do zero e fazendo malabarismo para tocar tudo sozinhos, acumulando tarefas para pagar menos pessoas e economizar. Para mim, essa é a coisa mais burra que existe no empreendedorismo: economizar onde se deve investir.

Isso sempre esteve muito claro na minha cabeça. Achava que não precisava investir em pessoas, para não ter que gastar dinheiro da empresa, mas sabia que o mínimo de investimento tinha que ter, se não o negócio não funcionaria. A partir da segunda unidade de loja, precisei ter gerência, e a partir da terceira, supervisor. A partir da quarta eu precisei de um escritório com um pouco mais de estrutura, e a partir da quinta, de uma equipe de TI. Assim, as coisas iam crescendo gradativamente.

Se você está se perguntando: "Ah, mas como você teve esse conhecimento?", a resposta é: eu não tive. Fui vendo isso tudo com base na deficiência do momento. Se você é um empreendedor e não está no negócio para brincadeira, vê os déficits da sua empresa e sabe que precisa contratar alguém para te ajudar. Agora.

Eu acredito que, desde o começo, essa minha capacidade de ver os déficits foi meu diferencial. Se no ano de 2017 a Kings teve um faturamento de 40 milhões, quando olho para trás e me lembro dos meus concorrentes na galeria, enxergo que só cresci de verdade porque via tudo de um jeito que eles não viam na época.

Em 2004, enquanto os vizinhos de loja estavam economizando e fazendo contas com calculadora e caneta, eu investi num computador com um sistema na loja. Eu ainda não sabia, mas aquilo me ajudaria a estruturar meu negócio de maneira mais organizada.

Quando comecei a loja de Campinas, tinha certeza de que ela ia crescer, mas a verdade é que uma estratégia curiosa estava por trás da minha entrada nesse negócio. Tudo se iniciou quando eu comecei a comprar tênis em *outlet* para vender na loja. Um dia, um cara chamado Vitor Matos, que era do merchandising da Nike, foi até lá e lançou a pergunta:

– Cara, como é que você tem esse monte de Nike?

Olhei para ele como se a resposta fosse óbvia:

– Eu compro em *outlet*.

Então, ele disse que não podia e eu rebati:

– Claro que pode. Eu tenho nota.

Foi então que ele me disse que a Nike estava procurando um parceiro dentro da Galeria do Rock e que, se me notassem, esse parceiro tinha tudo para ser eu. Mas eu não tinha como atrair a atenção dos caras sem fazer alguma coisa grande.

Foi assim que surgiu a ideia de abrir uma loja fora da galeria. A de Campinas tinha sido pensada justamente para seduzir a Nike. Minha ideia era mostrar a eles que eu era capaz e já tinha duas unidades de uma loja.

Ao mesmo tempo, a Nike encontrou um parceiro dentro da própria Galeria. Mesmo assim, eu farejava que o perfil de trabalho dele ia dar errado. O cara não gostava de trabalhar muito, e eu entendia que, quando se começa num *business*, é preciso trabalhar 500% do tempo. Esse cara, além de não trabalhar muito, ainda ostentava com o pouco que tinha. Era a fórmula perfeita para dar errado.

Na época, eu achava que trabalhar muito significava me matar pelo negócio. Hoje não. De 2017 para cá, a concepção de trabalhar muito mudou para mim. Não são as horas que você passa na empresa, é o resultado do dia que vai dizer se você trabalhou muito ou pouco. Precisamos saber como medir resultados, sempre.

Na minha cabeça, os planos estavam definidos: eu ia abrir a loja em Campinas, fazer a parceria da Nike lá, esperar aquele concorrente quebrar e depois pegar a conta da Nike em São Paulo.

Na época, existia um modelo de tênis que esse concorrente não conseguia comercializar, e eu, antenado, já estava dentro da Nike fazendo negócios para a loja de Campinas. Por coincidência, justo nesse período, o Vitor se tornou *sales representative* lá dentro, então a parceria estava formada.

Enquanto conversávamos, nós dois identificávamos o que daria e o que não daria certo.

– Usar bermuda e chinelo em pleno centro de São Paulo não faz sentido. A gente tem que colocar *streetwear* na cabeça desse moleque, não faz sentido.

Ele me olhava e dizia:

– Cara, só vai dar certo esse projeto quando vier de alguém que viveu isso. E você é esse alguém. Você sabe do que está falando, não é como os caras que têm dinheiro, os concorrentes, que só estão surfando a onda... O negócio deles pode até dar certo, mas não vai se conectar ao cliente como o seu vai.

Eu sabia que estava tudo pronto para agir. Era só esperar a hora certa. Eu via os furos do concorrente, sabia que ele não tinha tino comercial e nem vivência para chegar aonde eu queria chegar.

Acima de tudo, eu via que o meu sonho de fazer a Kings se tornar aquela marca que eu tanto sonhava estava mais próximo do que nunca. Daquela sensação eu não desapegava.

8
O QUE É CRESCER DE VERDADE?

Eu fiz meu próprio caminho e meu caminho me fez
Não é qualquer dinheirinho que vai tirar a lucidez.
EMICIDA, "Triunfo"

Eu sempre acreditei que era a classe C que ia equilibrar o varejo. Até hoje acredito nisso. Um dia desses, vim trabalhar de trem e vi o vendedor de bala com um boné de trezentos reais e um tênis de mil. Sei reconhecer um falsificado e tenho certeza: aquilo era original.

Muita gente pergunta: "Como isso é possível? Um sujeito comprar algo tão caro se ele é vendedor de balas dentro do trem?". A resposta é: porque é o estilo dele. Ele pode ter pagado em dez vezes no cartão ou dado o jeito dele. Mas o que vemos no Brasil é uma tendência crescente de as pessoas se virarem para conseguir o bem de consumo que querem. A marca e o estilo falam mais alto.

Hoje, o tênis mais caro do Brasil é vendido majoritariamente para a periferia. O trabalhador parcela em dez vezes, mas compra o objeto de desejo.

O que acho que acontece é o seguinte: o cara da periferia talvez não queira comprar uma casa ou um carro, ele talvez deseje comprar uma quitinete, então, ele quer andar bonito para conquistar uma namorada bacana e ser bem-visto, ou até mesmo aceito, na sociedade.

Esse sujeito talez já tenha colocado na cabeça que não vai ter grana para viajar, para comprar uma casa e nem para comprar um carro legal. Então ele faz de tudo para quê? Para comprar uma roupa legal, um celular bacana e uma moto decente.

Acredito que essa seja a meta do brasileiro dessa classe social: primeiro a roupa, depois o celular, depois um transporte. Se as coisas acontecerem no trabalho, aí a cabeça dele vai mudando, assim como a minha mudou.

Para quem veio de onde eu vim, comprar um imóvel era uma coisa completamente inimaginável e fora da curva no começo da vida, mas as coisas vão mudando. Quanto mais degraus você sobe, mais a sua cabeça muda e você encontra outras formas de enxergar o que não via antes.

Mesmo com a visão limitada, eu sabia o que podia dar certo e errado na minha loja e, logo que consegui a conta da Nike, entendi que aquele era um marco muito importante na minha vida. As coisas tinham acontecido da maneira como eu tinha previsto. O dono da outra loja não tinha conseguido prosperar, logo, aquela grande empresa me olhava com bons olhos.

Nessa época, o desafio era ouvir da boca dos amigos que nada ia dar certo. Não é fácil lutar exaustivamente, dia após dia, construindo algo em que acreditamos, mas é preciso resiliência, até mesmo para escutar o que as pessoas imediatistas acreditam que deve acontecer.

Certa vez, em um bate-papo com um desses amigos, ouvi, quieto:

– Cara, você até tem umas ideias legais, mas nada vai pra frente, né?

Era difícil ouvir certas coisas, principalmente de pessoas que não conheciam quase nada da minha vida. Mesmo assim, retruquei:

– Não, pelo contrário. Tudo tem seu tempo. E você ainda vai me aplaudir.

Eu sabia que meu negócio podia dar certo. Tinha uma visão que contribuía com isso e era apaixonado pelo que fazia.

Eu via o que meu negócio podia se tornar, tinha a paixão que alimentava aquilo tudo, mas sabia que as ideias precisavam fluir para que tudo se concretizasse.

Eu não queria ganhar dinheiro em curto prazo; eu queria fazer um negócio maturar para ver grana em longo prazo, e, quando ele dizia que eu tinha várias ideias, eu sabia que precisava focar uma delas e fazer dar certo. Só não tinha paciência de explicar tudo aquilo e dar corda para quem tentava envenenar meu caminho.

No seu caminho, certamente haverá dezenas de pessoas que não estarão prontas para te ver crescer. A maioria delas vai boicotar o seu crescimento, sem papas na língua para te criticar a qualquer momento.

Embora não tivesse um planejamento definido, eu sabia que o projeto de longo prazo seria construir um negócio rentável. Já que não tinha a grana – minhas ideias não eram extravagantes, mas, como qualquer negócio, precisavam de investimento –, sabia que tinha que ser um projeto em longo prazo para, agora sim, captar um investidor e fazer o negócio maturar.

Minha estratégia para me inspirar era sempre a mesma – eu olhava para as pessoas, focava aquelas que admirava e pensava: "Quero ser que nem esse cara". Focava as amizades boas que a vida ia me dando. Passava de estágio conforme me inspirava e via que podia chegar onde aquelas pessoas estavam.

Na mesma época, minha esposa trabalhava em uma grande empresa multinacional, e conviver com seus colegas me trazia muitas ideias. Eu circulava entre pessoas inteligentes que tinham 100% de medo de empreender. Num churrasco, saíam conversas das mais diversas, com ideias mirabolantes, que nunca eram executadas.

Minha vida foi feita em cima de *feedbacks*. Sendo assim, eu pegava os *feedbacks* das pessoas que eu achava que eram "fora da curva" e seguia, construindo meu caminho.

Com a parceria da Nike em Campinas, eu estava certo de que tinha começado justamente com a melhor marca do mundo e de que aquilo abriria caminhos.

Foi assim que aprendi, na prática, o que meu pai sempre dizia: "Na vida você só vale o que tem".

Era por isso que eu remava contra a maré. Essa era a lógica do mundo, e não a minha ideologia. Eu sabia que, se não tivesse um poder aquisitivo melhor, jamais seria chamado por um grupo grã-fino para jantar num restaurante chique ou para comparecer a um coquetel.

Eu sabia que, mesmo que crescesse, não queria me corromper e deixar de andar com pessoas ao lado das quais tinha andado a vida toda. Se hoje ainda ando de trem e me reúno com os mesmos amigos no boteco no pé do Bom Retiro aos sábados é porque não me desconectei da minha raiz e nem vivo num mundo de ilusão – e vibro com isso.

Pense nisso: como você acredita que está crescendo? Você está crescendo de verdade? O que é crescimento para você? Se a gente vale o que tem nessa sociedade que só valoriza as coisas materiais, como você tem participado do sistema sem se deixar corromper por ele? Como entrar em uma sociedade que só enxerga crescimento com números?

Crescer, para mim, está ligado à capacidade de se integrar aos ambientes sem perder a sua essência. Essa consciência veio da rua, do *rap*, da música.

Quem veio do menos zero e chegou a algum lugar prova que, se você tiver uma mente lúcida, as coisas acabam dando certo. Eu estudei em escola estadual a minha vida toda. Se eu tivesse tido aula de gestão ou aprendido a poupar antes de gastar, minha vida teria sido outra. Mas na escola não aprendemos quase nada do que vamos utilizar na nossa vida adulta. Se ensinássemos nossos jovens a poupar para depois gastar, a juventude brasileira teria outro nível de maturidade.

Para mim, quando alguém consegue chegar a um patamar legal sem estudo ou sem foco, trata-se de pura coincidência. O risco de dar errado no futuro é muito alto.

Isso se chama "resultado por coincidência", que é o que dizem ser sorte. Eu não acredito em sorte. Nem em azar. Para mim o nome disso é resultado por coincidência.

Então, se coincidiu de o jovem que estava começando sem grana conhecer outro que apostou no negócio e colocou dinheiro, pode ser que tudo dê certo num primeiro momento, mas vai dar errado, se não houver alguém trabalhando incansavelmente e com foco.

O sistema faz o mundo girar com o crédito. As pessoas ganham mil reais e compram um celular de 2 mil, e isso é comum na nossa sociedade. Não faz sentido, mas o que acontece é que grande parte das pessoas só investe no presente, no ego, em satisfazer a carne.

Como eu sei? Eu vivi isso.

Vivi comendo arroz da pior qualidade, mas sempre tivemos vinte pacotes dentro de casa. Quando eu perguntava o porquê dos vinte pacotes de arroz, a minha mãe respondia que tinha medo de que faltasse. Ela comprava o pior arroz, da pior marca, mas comprava vinte pacotes.

A mentalidade da escassez é impregnada no ser humano que viveu com medo de faltar. Ao mesmo tempo, na contramão disso, o jovem empreendedor alimenta a ilusão de que o sucesso vai cair do céu sem que ele precise investir tempo e dinheiro no negócio, como se as coisas fossem fáceis.

Não é a lógica da escassez da minha mãe que vai colocar alguém para a frente, nem essa teoria de que tudo vem fácil, então vamos seguindo desembestados pela vida.

O que muita gente não percebe nessa dinâmica da vida é que é preciso trabalhar muito para que o negócio não dê prejuízo, só que, ao mesmo tempo, ninguém precisa andar como se estivesse com o freio de mão puxado. Os extremos são perigosos.

Há pouco tempo, um amigo disse o seguinte:
– Nossa, eu vou abrir uma loja e já vou financiar um carro.

Era a perfeita afirmação do tipo de pessoa que acha que abrir um negócio ou começar qualquer coisa não tem nenhum desafio.

– Cara, você nem abriu a loja e já tá pensando no lucro? Não! É a mesma coisa de você pensar no gozo antes da transa. Não faz sentido. Você nem começou a trabalhar – eu respondi.

Ele ficou me encarando como se eu estivesse cortando o barato dele, mas percebi que é exatamente isso que está acontecendo entre os jovens de hoje que começam um negócio próprio. Eles estão pensando em gastar antes de trabalhar. Isso não faz o menor sentido e ainda cria uma geração de frustrados.

Para colher algo, você precisa plantar primeiro. Só depois os resultados aparecem. A prioridade do jovem empreendedor, ou do sujeito que ganha um pouco de dinheiro, é ostentar para parecer ser alguém melhor.

Eu sempre quis morar bem, porque, para quem morava na avenida Duque de Caxias, numa quitinete alugada de trinta metros quadrados, dividida entre dez pessoas, o único desejo era melhorar de vida, mesmo sem conhecer outra vida. Meu primeiro apartamento foi um apartamento simples, de oitenta metros quadrados, do jeito que eu queria. Para as minhas necessidades, aquele imóvel parecia uma mansão. Eu estava sempre em busca de dignidade, e não de ostentação.

Mesmo com ambição, jamais fiquei desejando um bem material pelo bem em si. Hoje, a ilusão do marketing pessoal faz com que as pessoas criem um universo ao redor delas e vivam num mundo de faz de conta. Só que eu quero nadar do outro lado, contra essa tendência.

Outro dia fui almoçar com Ferréz, um amigo escritor que narra histórias da periferia e mora no Capão Redondo até hoje, e com um cantor de *rap* chamado Maurício DTS, e ambos diziam que o *rap* tinha me dado tudo que tenho.

A minha análise foi que o *rap* até pode ter me ajudado a ter uma boa ideia do que é a vida em si, mas ele não me deu nada.

Se você ouvir o *rap* dos anos 1990 e entender o que está sendo dito, vai perceber que *rap* é música de protesto. As letras do Mano Brown sempre trouxeram consciência e sensatez. É o *rap* que faz você ter consciência dos seus atos para que não vá para o crime, não use drogas. É ele que mostra como funciona o sistema. *Rap* é a voz dos fracos, a voz daqueles que os caras de classe média e alta não conseguem ouvir.

Uma pessoa que nasceu em classes sociais mais altas nunca vai entender o que é morar numa pensão no centro de São Paulo. Eu vi o que o sistema fez com vários amigos que cresceram comigo.

Um deles era meu amigo de infância. Aos doze anos, jogávamos basquete juntos, e, conforme os anos foram passando, ele foi se corrompendo. Filho de uma mãe solteira com três crianças, morando em um quarto de doze metros quadrados numa pensão, com banheiro do lado de fora da casa, passando fome, ele acabou se tornando o maior matador do centro de São Paulo. Um assassino frio, que foi maltratado pela vida. Uma pessoa que não tinha qualquer sensibilidade, porque a vida era dura demais com ele para que pudesse se compadecer de outro alguém.

Ferréz, aquele amigo escritor, levanta a bandeira de que o culpado não é o assassino, mas o sistema. Ele fundou uma ONG com 120 crianças, na pior favela do Capão Redondo, e nós três ajudamos a mantê-la. Essas 120 crianças são diferentes de todas as crianças da favela. Por quê? Porque damos a elas acesso à literatura, mostramos a história do Brasil, e elas estudam música, capoeira e artes.

Para mim, caras como Ferréz, que idealizaram uma coisa dessas e transformam efetivamente as pessoas, é que estão no topo. Ele cresceu de verdade e faz com que as pessoas possam crescer. Essas pessoas, que estão criando projetos invisíveis para a sociedade, tentando tirar a periferia da zona de marginalidade, estão fazendo a diferença no mundo.

Você pode estar se perguntando: "Mas, Igor, o que isso tem a ver com a sua história de empreendedorismo?". Tudo. Os meus valores estão conectados a isso e a minha ideologia de vida é de não se vender para o sistema, de fazer a diferença. Nem que seja uma diferença pequena na região onde atuo, ou nas pessoas com as quais convivo.

Portanto, qual é a diferença que eu faço e tento fazer, impondo uma nova forma de se trabalhar? Hoje, emprego diretamente duzentas pessoas. Isso é uma diferença no mundo. Minha meta é pegar jovens da periferia e treinar esses meninos para dar autoestima para eles, porque eu acredito que, quando o jovem cresce com autoestima, ele consegue tudo. Sem autoestima, saindo do zero, fica dez vezes mais difícil. As coisas só deram certo para mim porque meu pai era o rei da autoestima e nunca deixou que abaixássemos a cabeça para nada. Eu sabia do meu valor, mesmo quando não tinha nada de valor material.

Demorei muito para entender que rico não é o cara que tem um apartamento de 15 milhões de reais. Rico é o cara que tem valores e, com dinheiro ou sem dinheiro, jamais se corrompe.

9
COMO LIDAR COM O MEDO

O medo tem alguma utilidade, mas a covardia não.
MAHATMA GANDHI

Desde o primeiro contrato com a Nike, quando começamos a negociar para a loja em Campinas, eu já estava certo de que ia conquistar algo maior. Por isso, chamei um amigo meu que era fera em apresentações e pedi para ele:

– A gente vai na Nike, você vai falar que é meu *business coaching* e nós vamos apresentar a projeção de como serão as lojas.

Ele encarou a conversa com seriedade, montamos o tal projeto e fizemos uma projeção de como a marca poderia crescer nos dez anos seguintes com o apoio da Nike. Não criamos nada subjetivo ou fantasioso. Com os dois pés fincados no chão, eu fazia as observações e ele pontuava de maneira profissional.

A ideia deu tão certo que o pessoal da Nike vibrou com a apresentação.

– É disso mesmo que estamos precisando!

Aquela frase ficava ecoando no meu ouvido, e eu sabia que estava com a melhor marca do mundo. O único problema era que eu não tinha dinheiro para investir, então, vivia num jogo de xadrez.

Como era o único no meu segmento, eu desbravava um território desconhecido que nenhuma outra marca tinha desbravado. Sem dinheiro para crescer ou investir, me vi diante de uma situação inesperada. A Nike abordou uma grande rede e ofereceu o nicho em que eu atuava, dizendo:

– Vocês precisam ter outra loja, com outra bandeira, pra pegar esse nicho, porque nós não vamos conseguir trazer isso para o Brasil só pra ele, é muito pouco.

Então essa outra rede de lojas abriu lojas grandes nos shoppings. Eu tinha preparado o terreno e eles entravam com tudo. Eu tinha a sensação de que ia ser meu fim. Fui almoçar com um dos diretores da Nike e ele me explicou o seguinte:

– Pensa pelo lado bom. Se não fosse por eles, a Nike não ia trazer mais o segmento, e aí você ia ficar sem nada.

Naquela época, eu nem suspeitava que anos depois passaria o número de lojas deles com folga, então engoli a informação a seco e tentei enxergar sob outra perspectiva, mesmo que naquele momento só conseguisse ver o pior cenário.

Eu tentava observar onde estava e de onde tinha vindo e, assim, conseguia me acalmar. Esse diretor era uma das poucas pessoas que me inspiravam e conseguiam trazer confiança. Direto, ele sabia dizer as palavras certas.

– Se não fossem eles, teríamos que tirar você e seu negócio acabaria. Cara, você é diferente. Vai conseguir fazer o trabalho melhor do que eles, porque viveu o *streetwear* no Brasil, e eles não. Eles são robôs.

Aos poucos eu começava a entender que história e essência eram tudo dentro de uma marca. Eu sabia o que vendia, eles, não. Só que eu precisava deles para fazer volume no mercado.

Ao mesmo tempo, os colegas frustrados que sempre viam o lado ruim de tudo envenenavam minha mente com conversas do tipo:

– Igor, eles vão te engolir!

Enquanto isso, eu dizia que não ligava e achava que, se viessem "para cima", eu ia dar muito trabalho para sair de cena. Talvez eu tivesse herdado a determinação da minha mãe, que acordava às seis da manhã com um bebê de colo para abrir uma banca de jornal, ou a autoestima do meu pai, que não ligava para o que dissessem dele. A verdade é que eu sabia que sem nada não ia ficar.

Uma das minhas estratégias era sempre pensar no pior cenário.

Eu sugiro que, se você estiver num momento de preocupação, pare e imagine o pior cenário. Diante dele, faça as perguntas ameaçadoras que te assustam e tire todos os filtros que te impedem de enxergar a realidade. Desse jeito, a preocupação vai embora e você não lida com fantasmas, mas com uma situação de verdade.

Nessa época, como eu estava só com a loja na Galeria do Rock e sabia que lá a grande rede não ia entrar de maneira alguma, mesmo que eu estivesse com sangue nos olhos de querer crescer e a possibilidade de não ter crescimento parecesse devastadora, eu começava a entender que existiam outras possibilidades.

Por exemplo, eu percebia que o Brasil era muito grande e ia me dando conta de que não fazia o menor sentido pensar daquela forma, porque eles nem abriam lojas no Brasil inteiro.

Equilibrar a parte emocional, entendendo o que poderia acontecer de pior, mas sem me deixar influenciar por isso, era uma tarefa para lá de complicada, principalmente porque a raiz do medo estava plantada em mim desde criança.

Eu ainda crescia com medo. Medo de não ter dinheiro, medo de fazer merda. Sabia que o medo trazia uma certa prudência, mas que eu precisava andar, apesar dele.

Eu acho que as coisas aconteceram na minha vida porque eu sempre agi dessa forma. Muita gente não cresce na vida por medo de problemas. Já eu fui tão calejado que problemas medianos não me afetavam.

Eu me lembrava das palavras do meu pai quando dizia que eu tinha que trabalhar muito. Hoje, mesmo depois de tantos anos, ainda vou até o escritório todos os sábados, sozinho, e trabalho incansavelmente, mesmo sem precisar, teoricamente.

Mesmo com medo, eu nunca parei. Percebi que a maioria das pessoas sente medo e para nele, porque o sentimento se torna incapacitante.

O espírito do empreendedorismo na minha vida, na minha alma, era tão grande que era maior do que os meus medos. Meu medo era muito grande, mas a vontade de vencer era maior.

Hoje, muita gente me pergunta como lidar com o medo. O medo é uma constante na minha vida. É ele que me faz perder noites de sono, e, embora eu não aja como minha mãe, que estocava comida com medo de não ter depois, ainda sou uma vítima dele noite e dia.

É comum empresários lutarem contra o medo. Mas o medo só fica grande demais quando damos força a ele. Meu objetivo sempre foi enfraquecê-lo, encarando o problema que estava diante de mim. Ou seja, minha cura era agir.

Não dá para esquecer que o mundo não para, e aquele compromisso que a gente firma de fazer o negócio prosperar acaba virando uma promessa difícil de esquecer.

É preciso ir com medo mesmo. Ele pode não dar muita trégua quando a gente está ali, parado, pensando em tudo que precisa resolver. Mas, quando nos levantamos e agimos, apesar do medo que obscurece nossa alma, a vida fica um pouco mais fácil de ser digerida.

Aos poucos fui aprendendo a surfar com o medo, a ver os altos e baixos, picos e vales, como momentos da vida, e me adaptava a cada um deles, como tinha me adaptado a tudo em minha vida.

Dar um passo é sempre algo que pode dar certo ou errado. Pode ser um passo maior que a sua perna, que te faz cair. Ou um passo inseguro, que é dado sem que a gente saiba se está indo na direção certa.

Muitas vezes me perguntei se estava caminhando como deveria, na direção em que deveria. Mas a vida vai trazendo respostas e a gente entende que não pode ignorar esses sinais.

O medo, se não o enfrentamos, nos domina. Um dia desses, um amigo de infância se viu dominado pelo medo. Sem dividir com os amigos, fez duas tentativas de suicídio, para tentar estancar aquela dor que estava latejando dentro dele.

A forma como o medo se apresenta pode ser assustadora. Crescer é um desafio e tanto. Administrar a vida é uma coisa que não aprendemos na escola, e, assim, vamos nos virando, tentando entender se estamos fazendo aquilo que é certo.

Hoje, quando vejo colegas de infância mais contidos, sei quanto eles podem estar sendo dominados por esse inimigo que nos é comum.

Sejamos firmes e tenhamos pulso para agir quando o medo tentar nos distrair do nosso propósito. Muitas vezes a gente vai errar. Pode acertar, também, mas certamente terá muita história para contar, como estou fazendo neste livro.

Nenhuma emoção nessa vida pode ser em vão. Nem o medo.

Que ele faça você seguir em frente.

10
O NEGÓCIO É UM JOGO

*A partir de um certo ponto,
o dinheiro deixa de ser o objetivo.
O interessante é o jogo.*
ARISTÓTELES ONASSIS

Desde que comecei a me aventurar no empreendedorismo, passei a entender que negócio é um jogo. Não foi fácil, porque, mesmo para quem gosta de jogar, como eu, aprender esse tipo de jogo é difícil. Ele requer mais que habilidade técnica e não tem nenhum manual. Pelo menos, na minha época não tinha.

Embora eu soubesse que ter um emprego regido pela CLT também não oferecia nenhuma segurança e que tudo envolvia riscos, lidar com a montanha russa que é ter um negócio era um jogo elaborado que me fazia desenvolver características e habilidades que eu nem supunha que poderia ter.

Eu me lembrava de quando tinha acabado o colegial, do sonho do meu pai, que se lembrava dos desafios todos desde que era mais jovem e me olhava acreditando que eu poderia ter um diploma. Me lembro de como tinha insistido na faculdade, mesmo sem querer terminar o curso, e das palavras das pessoas que queriam mudar meu pensamento, dizendo que eu deveria estudar para ser delegado ou juiz. Conforme o tempo ia passando, eu sabia o que queria e, principalmente, o que não queria.

Pelo menos eu sabia que não tinha nascido para ter carteira assinada. Aliás, nem tinha tirado uma. Sabia que não queria seguir um horário, ter chefe ou fazer as atividades rotineiras de um jeito que todo mundo fazia. Eu pensava um pouco fora da caixa e entendia que, para a loja virar e para eu conquistar tudo que queria, trabalho não tinha hora e o negócio era um jogo, um jogo de risco alto.

Sabia que quem apostava pouco, ganhava pouco. Quem apostava alto, arriscava tudo, mas saía do ponto onde estava. Hoje sei que, quando aposto alto, também corro o risco de perder muito, mas na época a fé era grande.

Quem me vê hoje, bem instalado, com uma empresa em franca expansão, jamais imagina que já perdi muito nessas apostas todas. Descobri que em certos jogos você pode jogar na tranca. Tem empreendedor que quer entrar no jogo, mas não quer mexer no caixa; é cauteloso e tem medo de colocar tudo que tem na mesa com o risco de perder numa única rodada.

Desde sempre eu sabia que era um apostador. Porque tudo que fiz na minha vida, mesmo sem dinheiro, foi uma aposta.

Quando olho para trás, sei que, em relação às lojas próprias, eu comecei na fé, persisti no zero a zero e fui capengando até o dia em que conquistei a conta da Nike. Naquele momento eu soube que precisava estar atento a cada movimento, porque, entre prejuízo, empates e perdas, era necessário ter a noção exata do que dava dinheiro, sem estudo e sem computador.

Em 2007, não existia nada como a minha loja. Eu estava fazendo tudo de maneira intuitiva, porque vivia aquilo. Eu sabia que o jovem da minha idade queria comprar aquele tipo de coisa e não tinha onde.

Para mim, era um aprendizado. Além disso, eu via o meu trabalho como algo muito prazeroso, já que, quando se faz essa cadeia do jeito que fiz, é como comprar um carro velho de colecionador e ir juntando as peças.

Eu estava com duas lojas quando resolvi criar um site. Tinha a ideia de que aquilo daria certo e eu poderia vender bastante pela internet, mas ainda não sabia como. Por isso, perdi muito dinheiro durante um ano, e foi dessa forma que aprendi, porque na minha vida o aprendizado vinha da experiência. Ou melhor: na marra, como minha mãe costumava dizer.

Eu era aquele cara que achava que site era a coisa mais fácil do mundo. Imaginava que era só colocar o produto lá e sair vendendo que nem água. Ledo engano. Descobria que ter um site dava um trabalho do cão e que o fato de ele não precisar de vendedor não era a oitava maravilha do mundo. Pelo contrário, era mais custoso que uma loja, e precisava de alguém que entendesse muito da dinâmica virtual para a coisa funcionar.

Foi numa conversa com um amigo de infância, Wilson, que percebi que eu estava precisando de uma ajuda. Ele me chamou num *chat* e, quando começamos a conversar, logo contou que estava trabalhando com sites. Eu enviei o site da empresa para ele opinar e, com sua franqueza, ele disparou:

– Cara, está uma merda. Você pagou por isso?

Eu fiquei surpreso, mas aliviado por saber que existia um outro jeito de fazer. Contei a ele que tinha pagado e que tinha perdido um dinheiro, e ele explicou:

– Eu vou te mostrar todos os caminhos das pedras.

Achei aquilo fantástico e comecei a ter ideias. Convidei-o para jantar na noite seguinte e pensei em propor que ele fosse sócio do site. O único problema era que Wilson não tinha nenhuma característica empreendedora.

Logo que nos encontramos, lancei a proposta:

– Vamos fazer o site juntos?

Ele me olhou, contou do sonho de morar nos Estados Unidos e disse que não tinha grana. Eu, que estava acostumado a fazer tudo virar sem um tostão no bolso, dei risada.

– Eu também não! – respondi.

Então, ele me perguntou como faríamos aquilo sem dinheiro.

– Você não tem uma moto? – perguntei.

Ele disse que tinha e eu dei a ideia:

– Vende a moto e arruma 10 mil reais. Eu vou arrumar outros 10 mil reais de mercadoria. A gente faz o site, faz os *banners*, e, se sobrar dinheiro, compramos mais mercadoria.

Ele esperou para responder. Tinha a expressão de quem estava apavorado.

– Cara... eu tenho medo...

Para uma pessoa que nunca tinha arriscado nada, aquele era um risco muito alto.

– Velho, confia. Confia em mim.

Ele respirou fundo e pediu para pensar. Disse que daria uma resposta no dia seguinte. Wilson era um sujeito estudado, estável, com duas faculdades e um emprego bom. Não estava financeiramente bem, mas estava no caminho da estabilidade.

Minha proposta era que ele fosse meu sócio. Não da marca, porque eu já visualizava outro negócio, mas do site. Cinquenta por cento do lucro das vendas feitas on-line seria dele. Mesmo que parecesse algo grande, na época era zero a zero.

No dia seguinte, ele apareceu e disse que ia arriscar.

– Cara, eu vou arriscar com você, porque confio em você.

As coisas aconteceram da noite para o dia. Alugamos uma salinha no centro de São Paulo, a mais barata que tinha, levamos os nossos computadores e logo começamos a ver os obstáculos. O primeiro deles era quem ia fazer os *banners*. Nenhum dos dois sabia, então precisávamos contratar uma terceira pessoa.

Fomos tomar uma cerveja para acertar os detalhes, e Wilson disse:

– Eu vou aprender a fazer isso.

Ele comprou um livro, leu a noite inteira e no outro dia começou ele mesmo a fazer os tais *banners*. Quando colocamos tudo no ar, pensamos que a coisa ia girar, mas não foi o que aconteceu. O faturamento só dava para pagar os custos da sala, e a gente ficava no zero a zero.

Fui até ele e disse que não tinha feito o site para ficar empatando. Queria dar umas tacadas mais fortes. Conforme eu investia, levava prejuízos de 10 mil reais num único mês. Comecei a tirar dinheiro das lojas para o site virar e nada. Só prejuízo, mês após mês.

Depois de um ano de prejuízo, ele disse que era melhor a gente fechar.

– Cara, eu tô com dó de você, velho. Vamos fechar o site.

Ele me via investindo 10 mil reais a cada mês e perdendo dinheiro, e não se conformava com aquilo.

– Eu não vou fechar, Wilson.

Por coincidência, um mês depois dessa conversa ele chegou com duas notícias, uma boa e outra ruim, segundo ele.

Eu logo perguntei qual era a ruim, e ele disse:

– A ruim é que eu vou morar nos EUA, a minha esposa ganhou uma promoção pra lá.

Achei aquela notícia boa demais para classificar daquele jeito, mas ele prosseguiu.

– A boa é que eu vou cuidar do site de lá, porque o meu trabalho é todo remoto.

Então eu parei para pensar. Sabia que não tinha como ele ser meu sócio de um lugar tão longe.

– Eu vou carregar caixa, vou pagar conta, vou fazer tudo sozinho. Vamos fazer o seguinte: eu vou te dar 10 mil reais da sua parte, que foi o que você colocou, e eu te pago um salário alto para você trabalhar para mim – propus.

Para ele era o melhor dos mundos, e eu saí dali com a impressão de que o jogo tinha virado.

No dia seguinte, fui ao banco e peguei um empréstimo de 200 mil reais só para colocar produtos no site. Foi uma jogada perigosa e calculada, mas decidi arriscar.

Em um mês, o faturamento do site foi de 100 mil reais. Wilson não acreditava.

– Cara, o site estourou.

Eu sabia muito bem o que tinha acontecido; já sabia que o que faltava era mercadoria.

– Todo dia você me mostrava o analítico e provava que cliente tinha, mas que não tínhamos mercadoria. Todo dia você falava isso para mim. A única coisa que eu fiz foi abastecer o site de mercadorias.

Ele ficou feliz por mim naquele momento. Eu, que tinha feito o primeiro empréstimo da minha vida, aprendia a jogar melhor. Aquela tinha sido uma aposta grande, que podia ter dado muito errado, mas tudo tinha soprado a meu favor. Meu gerente no banco conhecia a minha história, acreditava em mim e deu uma força para que a empresa pudesse prosperar.

    Eu estava pronto para o próximo desafio e sabia que esse desafio era crescer. Não tinha mais como voltar atrás.

11
NO MEIO DA SELVA VOCÊ É O QUE TEM

A vida é sacrifício, fechar os olhos e se entregar
No início é difícil, mas vai se acostumar
O sofá é um péssimo vício, vai te acomodar
Eu prefiro um precipício pra me ensinar a voar.
PROJOTA, "Foco, força e fé"

Eu já sabia que o passo seguinte, depois de abrir lojas de ruas, era ter uma loja dentro de um shopping, mas também sabia que abrir esse tipo de loja seria muito caro e que eu não teria *score* para pegar empréstimos, então ficava espreitando as possibilidades antes que elas se apresentassem.

Na época eu tinha um amigo, Marcelo, que era representante comercial de uma marca. Sempre que nos encontrávamos, eu dizia a ele que meu sonho era ter uma loja no shopping.

Em uma dessas ocasiões, ele falou de duas irmãs que tinham algumas lojas nos shoppings Ibirapuera, Aricanduva, Metrô Tatuapé e Diadema, e estavam voando. Elas vendiam multimarcas e tinham resolvido vender a loja do Shopping Metrô Tatuapé, na zona leste de São Paulo.

Eu, que tinha uns 10 mil reais guardados, pedi para ele marcar um café. Sabia que meu carro valia 30 mil reais e que poderia fazer uma oferta a elas.

No dia da reunião, em que apenas uma das irmãs estava presente, começamos a conversar e eu logo perguntei quanto ela queria na loja.

– Duzentos mil – ela disse.

Eu tinha que pensar rápido. Eu não era um sujeito que passava a imagem de não ter dinheiro, nem de derrotado; ao mesmo tempo, não demonstrava nenhum sinal de arrogância, mas tentava ter um posicionamento em reuniões.

– Ah, você quer 200 mil reais... Legal.

Fiquei fazendo contas e decidi fazer uma oferta.

– Mas dá para você parcelar? – foi o que perguntei de imediato.

Ela me olhou desconfiada, mas respondeu mesmo assim:

– Igor, vê o que você quer fazer, eu faço para você. Todo mundo fala bem de você.

Não tive dúvidas. Lancei a minha oferta rapidamente:

– Eu tenho 10 mil reais, tenho um carro que vale 30 mil. Eu te dou dezesseis cheques de 10 mil, dá duzentos paus.

Ela não hesitou para responder que desse jeito não dava. Fazer um negócio de 200 mil reais e ficar só com 10 mil na mão não era exatamente o que ela queria. Como o "não" eu já tinha, fui embora consciente de que ainda teria minha loja no shopping.

Dias depois, soube que um concorrente tinha adquirido a loja, à vista. Respirei fundo e tentei aceitar aquela notícia indigesta. Depois de quatro meses, Marcelo me ligou novamente.

– Igor, boas notícias, agora elas estão vendendo a loja do Aricanduva.

Fiquei entusiasmado. O ponto era bom, e eu sabia que podia dar certo.

– Quanto? – perguntei, animado.

– Trezentos paus – ele respondeu.

Nessa época, eu tinha 50 mil reais guardados, e a estratégia foi a mesma. Marcamos um café e eu fiz a minha oferta:

– Eu tenho 50 mil reais, um carro...

Ela logo interrompeu:

– Não, Igor, não dá, porque na real eu tô muito endividada e preciso de grana rápido pra pagar minhas contas, a corda apertou. Então eu preciso recuperar meu dinheiro.

Assim, dei um passo para trás e outro concorrente pequeno comprou. Essa era a segunda frustração que eu amargava, mas aprendia o que era a frustração e, principalmente, aprendia a lidar com ela.

Frustração é o que acontece quando você quer algo e não consegue, como uma criança.

Foi um aprendizado importante entender como uma expectativa não realizada poderia me deixar daquela maneira.

Naquela hora, sentei, coloquei a cabeça no lugar e decidi que aquilo não era para mim. Não naquele momento.

"Não adianta nada eu conseguir comprar uma Ferrari e não ter o dinheiro da gasolina. Então é melhor ficar quietinho mesmo. Porque não adianta eu estar numa loja e não ter dinheiro pra injetar. Eu vou quebrar. Não é pra mim... Eu acho que esse brinquedo ainda não é pra mim", pensei.

Foi assim que resolvi dar um passo para trás ao invés de avançar. Só que, seis meses depois do ocorrido, Marcelo voltou a me ligar. Dessa vez parecia ser algo mais consistente.

– Meu, é o seguinte: ela está vendendo o ponto do Shopping Diadema.

Eu já estava tranquilo na minha posição e não dei muita atenção, mas ele insistiu:

– Cara, eu acho que ela te vende barato.

Então fui pesquisar esse shopping. Falei com 10 pessoas influentes. As dez me disseram: "Igor, esse é o pior shopping do Brasil". Todas elas disseram para eu não arriscar.

Aquilo me fez ter vontade de conhecer o shopping. Peguei o carro e fui até a loja dela. O cenário era terrível. Faltava luz, o vendedor era ruim, a mercadoria era errada, não havia movimento. Liguei para ela e disse:

– Fiquei sabendo que você está vendendo em Diadema.

A resposta foi:

– Estou sim, Igor, e essa loja cabe no seu bolso.

Marcamos um café. Eu sabia onde estava me metendo e perguntei:

– Quanto você quer nessa loja, do jeito que tá hoje?

Ela queria 40 mil reais, só que, no momento da conversa, eu só tinha 20 mil reais na conta.

Imaginei que não adiantaria nada pagar a ela com aquele dinheiro e me endividar, porque eu ainda teria que investir em mercadoria.

Eu já tinha conversado com a área comercial do shopping e sabia que, se comprasse o ponto, teria condições diferenciadas de aluguel. Também confiava muito na minha capacidade de fazer a loja dar certo. Não sabia ao certo se era uma intuição, mas algo me dizia que aquela loja podia virar algo rentável.

Ao mesmo tempo, eu sabia que a loja estava péssima. Perguntei quanto tinha vendido naquele mês, e a resposta foi: "Dez mil reais".

Refleti por alguns segundos. Era um risco. Eu ia dar tudo que tinha para comprar um ponto no pior shopping do Brasil. Resolvi fazer uma oferta do tamanho do meu bolso.

– Eu te ofereço quatro cheques de 5 mil reais nessa loja. O que acha?

Ela concordou. Eu estava oferecendo metade do valor, parcelado em quatro vezes. Sabia que ela não ia conseguir oferta melhor que aquela, por causa do estado da loja e do ponto. Além disso, eu simplesmente intuía que conseguiria fazer aquele negócio dar certo.

No primeiro mês, fiz um atacadão e coloquei 50 mil reais em mercadoria. Percebi um movimento maior e investi 70 mil no segundo.

No terceiro mês, resolvi mudar a estratégia. Eu tinha um amigo que era conhecido no universo da música. Ele ainda não tinha nome nem reconhecimento dentro da grande mídia, mas eu sabia que o público se identificava com ele.

Ele se chamava Projota. Nós cantávamos juntos no fim de semana. Imaginava que ele tinha força e que poderia aparecer na loja de graça para abraçar os fãs.

A ideia, então, era convidá-lo para passar uma tarde na Kings e dar autógrafos. Eu tinha convicção de que daria certo. Aliás, jamais teria feito se não acreditasse na força daquela ideia. Eu sabia que a loja ia bombar e que viriam, no mínimo, trezentas pessoas ao shopping para vê-lo. Na época, ele começava a crescer dentro das redes sociais.

Quando conversei com o Projota, ele topou de imediato. Pedi que ele compartilhasse nas redes que no determinado dia estaria na loja, mas antes precisava conversar com a administração do shopping.

Cheguei ali com tudo pronto e disparei:

– É o seguinte: eu quero fazer uma tarde de autógrafos na minha loja.

A pessoa responsável pela administração logo perguntou:
– Com quem?

Eu respondi:
– Com um cara chamado Projota, é meu amigo.

Ela começou a dar risada e respondeu:
– Quem é Projota?

Eu não sabia se aquele sarcasmo me deixava bravo ou com mais vontade de fazer dar certo, mas respondi:
– Não interessa quem é Projota. Só me dá o o.k. que eu vou entupir esse shopping de gente.

Não era culpa dela não saber quem era o cara. Ele ainda era conhecido apenas por adolescentes, nunca tinha pisado numa emissora de TV.

Ela assinou a autorização duvidando um pouco da ideia, mas não me importava, porque eu já tinha o que queria.

Na data prevista, o Projota apareceu e eu comemorei. Havia mil pessoas dentro do shopping.

A administradora arregalava os olhos, sem acreditar.
– Eu não sabia que esse moleque tinha essa força!

Eu sabia. Ele nunca tinha feito uma tarde de autógrafos na vida, era a primeira.

Fiquei arrepiado de ver tantos fãs. Ele também estava emocionado. O que aconteceu em seguida foi curioso: as pessoas começaram a dizer que a Kings era "a loja do Projota".

Em pouco tempo comecei a perceber que eu podia fazer o que queria, e, no meu primeiro mês de dezembro dentro do pior shopping do Brasil, tive um faturamento 500 mil reais.

Quando vi aquele número eu soube que, se tinha feito aquilo no pior shopping do país, imagine o que não poderia fazer no melhor. Era uma barreira que eu tinha quebrado.

Às vezes a gente quebra essas barreiras de um jeito que nem imagina que é possível. Usar a criatividade e o bom senso e ir na contramão do que todo mundo está fazendo pode ser uma opção para você usar seus artefatos quando está começando. Se você mirar no que todo mundo faz, vai ser só mais um.

Na época, tudo parecia estar contra mim, porque eu tinha aberto uma loja no que era considerado o pior shopping.

Mas a pergunta que eu quero deixar para você é a seguinte: se o shopping fosse tão ruim assim, eu teria conseguido atrair mais de mil pessoas para a loja numa única tarde? Se fosse ruim, a loja teria faturado meio milhão de reais em um mês?

Às vezes, rotulamos um lugar ou uma situação por causa do resultado dos outros ali. Imagino que em vários segmentos isso possa acontecer: quantas vezes você não olhou para as previsões dos especialistas e desistiu de fazer algo porque parecia não estar dando certo para ninguém naquela área?

Talvez o que a gente precise entender é que não há meio-termo nessa onda. Ou você arrisca, confiando na sua intuição e dando o seu melhor, ou cai na cilada de ouvir a opinião de todo mundo e evitar um desastre – ou um grande sucesso.

Reflita se vale a pena arriscar.

12
A AÇÃO É O MOTOR DA CONQUISTA

Quem costuma vir de onde eu sou
Às vezes não tem motivos pra seguir
Então levanta e anda, vai, levanta e anda.
EMICIDA, "Levanta e anda"

Hoje as pessoas ainda me fazem sempre a mesma pergunta: "Como você saiu de uma loja de CDs e conseguiu, sem dinheiro, fazer tanta coisa dar certo?". Minha resposta também é sempre a mesma: fazendo. Sempre fui um cara fazedor.

Enquanto eu escrevia este livro, me deparei com um grande desafio, que foi o roubo da carga do meu caminhoneiro na estrada. Logo que tive a notícia, imediatamente tomei providências para fazer mudanças no estoque central.

Na segunda-feira, minha equipe se deparava com as reformas e perguntava: "Igor, o que você está fazendo?". Na verdade, eu estava evitando a burocracia interna da minha própria empresa. Sabia que, para as coisas acontecerem no ritmo que tinham que acontecer, eu precisava agir, e ação muitas vezes tem que ser feita na hora certa. Não dá para esperar o dia seguinte.

A questão aqui não é sobre ser invencível ou poder fazer tudo sozinho. É que podemos adiantar processos sem depender da atitude dos outros. Um bom líder age sem esperar muito tempo para tomar decisões.

Certas coisas precisam de ação, simples e prática. Mão na massa é o que faz as coisas acontecerem. E o que dá resultado na vida é fazer acontecer.

Claro que durante esse tempo todo eu já fiz coisas que não deram certo, como quando investi todo o dinheiro que tinha guardado na vida numa rede de lojas de suplementos que não durou seis meses.

Era meu primeiro dinheiro guardado vindo da Kings, e eu sabia que precisava ter outro negócio para obter renda de outro produto. Um amigo meu tinha três lojas de suplementos que estavam ruins, e acabei adquirindo as tais lojas dele. Sabia que faltava administração e gestão no negócio e que por isso não ia para a frente. Depois de três meses, percebi que estava me doando mais para a loja de suplementos do que para a Kings e preferi declinar.

Eu estava começando a imaginar as franquias, e o novo negócio estava tirando tanto meu sono quanto minha paz, a ponto de eu não conseguir nem pensar na expansão da Kings. Na época, disse para o meu sócio:

– Se você quiser me pagar mil reais por mês, você me paga, mas eu tô saindo fora, porque vou focar aqui na Kings.

Eu foquei, e a Kings abriu cinquenta lojas.

Foi o melhor dinheiro perdido da minha vida. Se eu ficasse ali, meu foco seria dividido. Perdi esse dinheiro, mas a Kings voou.

Mas isso aconteceu bem depois de as coisas começarem a dar certo para mim.

Quando ainda estava com a primeira loja no shopping, eu sabia que precisava crescer, e também sabia que isso aconteceria sem dinheiro. Como todas as vezes, eu teria que fazer acontecer, me dar mal, aprender, tomar rasteira e ir adiante.

Na época em que decidi abrir a primeira franquia, eu nem sonhava que ia me deparar com tantos desafios. Encontrei um parceiro comercial que estava alucinado pela loja e queria abrir uma franquia no Sul do país. Conversamos sobre o básico: as marcas que estariam na loja, os produtos-chave e os termos do acordo. Fizemos um contrato em que eu mesmo escrevi tudo que tinha sido combinado.

Ele fez a pergunta que eu não sabia responder:

– Demais, mas quanto você quer cobrar?

Fiz as contas e sugeri um *royalty* mensal, mas ele titubeou, argumentando que era a primeira franquia e que, por isso, seria melhor para nós dois se não houvesse nenhuma taxa. Como eu também precisava de um cartão de visitas, aceitei as condições e fechamos negócio.

O que aconteceu em seguida foi que a loja começou a dar tanto lucro que ele quis abrir a segunda. Como ele sabia do resultado, eu sentenciei:

– O.k., mas desta vez você precisa pagar a taxa.

Ele aceitou e, seis meses depois, quis abrir uma terceira loja, mas não queria pagar a taxa de porcentagem mensal. Minha reação foi imediata:

– Não tem o que "querer". Tem que pagar. Se você quer a franquia, é assim que funciona.

Ele não reagiu bem. Disse que estava levando o nome da loja para outras partes do país e que não achava aquilo certo. Eu tinha um pequeno escritório onde administrava tudo, inclusive o site, e, certo dia, logo que entrei nas redes sociais, vi que o perfil dele tinha mudado de nome. Ele colocara uma arte bonita e gigante da loja, mudando o nome de Kings para outro.

Imediatamente peguei o telefone. Não era possível que ele estivesse fazendo aquilo. Tinha mudado as fachadas, feito tudo de maneira premeditada.

Assim que ele atendeu o telefone, disse que não me devia mais um real e que tinha mudado o nome da loja. Era o mesmo modelo de loja, com os mesmos fornecedores, mas ele insistira em criar uma marca nova para não precisar pagar a taxa mensal de franquia que tínhamos acordado em contrato.

"A partir de hoje não te devo um real." Aquela frase ficava ecoando na minha cabeça, e eu não sabia o que responder; só sentia que aquilo estava errado e que tinha levado uma rasteira das bravas. Eu ficava repetindo para mim mesmo que precisava aprender a confiar menos nas pessoas.

A primeira providência que pensei em tomar foi colocá-lo no lugar dele. Por isso, fui até o presidente de uma empresa fornecedora para chorar as pitangas. O profissional comprou a briga e decidiu que não ia vender mais nenhum produto para ele. Depois, fui até uma grande empresa: em vão. O dinheiro fala mais alto nessas horas, e a ética acaba ficando de lado.

Juridicamente, não havia impedimento legal para que nenhuma empresa fornecesse para o meu novo concorrente. Então, resolvi jogar com as armas que eu tinha. Não tinha advogado, nem um contrato poderoso, mas tinha nascido na Boca do Lixo, e isso fazia de mim um cara que sabia o que eram ameaças de verdade.

Logo que o ameacei, me arrependi. Eu sabia que não ia fazer nada, mas queria ter a certeza de que ele sabia que estava fazendo algo errado. Ao mesmo tempo, aquilo me fazia mal e me impedia de ir adiante. Era como tomar um veneno e querer que o outro morresse.

Foi então que ele veio até São Paulo, com dois seguranças, porque tinha medo de que eu pudesse fazer algo com ele.

Olhei aquilo e dei risada da situação. Tínhamos chegado a um limite.

– Vamos fazer o seguinte? Você me paga essa quantia em dez vezes e nunca mais nos vemos e nem falamos do assunto.

Colocar um ponto-final naquela história era bom. Eu me sentia melhor, mas tinha noção de que estava sem as únicas franquias que tinha aberto.

Eu acreditava muito no caminhar de Deus. Mesmo sabendo que tinha sido passado para trás, tinha certeza de que alguma porta ia se abrir em algum momento, e foi isso que aconteceu.

Uma grande marca com a qual eu tinha tido uma briga anos antes me chamou para um *showroom*. A pessoa que estava lá nem sabia da minha história com o diretor anterior, e eu contei metade do caso por e-mail. Só que ela queria conversar pessoalmente, e, quando fui até lá, durante nosso café, ela disse:

– Tenho o cartão de uma advogada que pode te ajudar na sua expansão.

Conforme conversávamos, o antigo diretor apareceu, e começou uma discussão entre os dois. Saí dali com o cartão em mãos e fiquei me perguntando: "Por que será que fui até lá? Será que a única razão para eu ter ido era conseguir esse contato? Será que essa é a chave?".

No dia seguinte, liguei para a advogada que a pessoa tinha me indicado, cujo nome era Izabel. Expliquei a ela minha situação e ela sugeriu que nos encontrássemos.

– Seu contrato é falho, mas se você quiser que eu vá para cima eu consigo fechar as lojas dele.

Com aquela observação, eu fiquei pensando em quanta energia ia gastar naquela história e tomei uma decisão.

– Eu não quero mais nada, não quero gastar nem um pingo de energia nisso. Quero começar uma nova história.

Então, ela disse:

– Vou fazer um belo contrato para você.

Uma semana depois, nos encontramos novamente. Ela vinha com o novo contrato em mãos e com uma nova pergunta:

– Igor, me explica uma coisa. Pelo que você me explicou, seu negócio é muito bacana. Mas quem vai vender a franquia?

Eu respondi como se fosse óbvio:

– Eu, claro.

Ela começou a dar risada e respondeu, com paciência:

– Igor, não é assim. Você não é super-homem. Juridicamente, agora você tem a mim e todos os serviços que eu posso te oferecer. Se quiser, pode usar minha sala pra fazer reuniões com franqueados, mas normalmente não funciona assim. Você tem que ter um comercial.

Eu expliquei que não tinha dinheiro, e ela me indicou alguém com quem conversar.

Na semana seguinte, eu estava diante de Renato. A primeira pergunta dele soou para mim como se fosse grego.

– Você não tem COF?

Ele se referia à Circular de Oferta de Franquia, mas eu nunca tinha ouvido falar daquilo.

– Não... eu nem sei o que é isso.

Ele continuou a sabatina:

– Você tem manual de franquia?

Eu também não tinha.

– Igor, não se vende franquia assim, você tem que ter os documentos.

Eu só tinha como pagar para que ele criasse os tais documentos para a empresa, e em uma semana lá estavam eles. Mas os documentos sozinhos não faziam nada.

– Cara, mas quem vai vender a sua franquia? – ele perguntou, curioso.

A resposta, mais uma vez, parecia óbvia.

– Eu.

Ele disse que eu não ia conseguir, e eu fiz uma oferta para que ele trabalhasse comigo por um porcentual.

Nessa época, eu tinha um carro antigo e amassado com o qual ia às reuniões. A primeira constatação dele foi a respeito do carro:

– Olha, eu te conheço há pouco tempo, cinco meses, e sou fã de você e da sua história, mas preciso te dar um toque. Não me leve a mal, mas, se a gente for pra uma reunião com essa Doblò ferrada, não vamos vender franquia nenhuma.

Ouvi aquele papo e logo retruquei:

– Eu sou da rua. Nasci na Cracolândia. Ando de metrô, de trem. Vendo roupa de rua.

Ele rebateu com tranquilidade, tentando me fazer entender sua lógica.

– Eu entendo, Igor, só que as pessoas não entendem. Elas vão te ver e perguntar: esse cara vai vender franquia? Você não vai ter credibilidade.

Saí daquela conversa nervoso. Fui embora para casa pensando em cada palavra dele. Mesmo sem concordar, via que fazia sentido. As pessoas queriam saber aonde podiam chegar com a loja. Se vissem que eu não tinha nem um carro legal, não teríamos contratos fechados.

Nessa época, eu ainda tinha um pequeno escritório onde habitavam algumas baratas. Fiquei pensando: "Como vou levar alguém lá?".

Aluguei uma sala bacana perto de um grande shopping center e coloquei Renato lá. Mas a pressão acabava de ficar maior, porque o custo da sala era alto.

Ele achava que já tínhamos mais credibilidade. Tínhamos uma sala e uma mesa, só que o carro ainda estava velho. Corri até uma concessionária de carros importados e perguntei o valor dos automóveis. Quando a vendedora me falou os preços, perguntei qual era o mais barato. Ela me mostrou um modelo mais popular e acessível, que custava 109 mil reais.

– Se você der 30% de entrada, fazemos em 24 vezes sem juros – disse.

Eu fiz umas contas e falei:

– É meu, vou pegar.

Quando cheguei ao escritório, Renato não acreditava.

Eu tinha entendido que as pessoas olhavam muito o visual, e, se a minha posição tornava isso necessário, precisava passar credibilidade de algum jeito.

Eu sabia que para vender franquia tinha que mostrar que estava por cima, porque, se parecesse um derrotado, quem ia se interessar em comprar uma franquia minha?

Logo consegui vender uma franquia para um amigo no Internacional Shopping, de Guarulhos. O segundo franqueado foi Gabriel, de Londrina. Cheguei à cidade com aquele carrão zero importado, expliquei o conceito da marca, e ele fechou na hora, porque eu passei credibilidade.

Foi a partir desse momento que as coisas começaram a dar certo. Percebi que o que me dava tesão era isso: ir trabalhar, ver na agenda o que precisava ser feito e ir para cima das coisas. Era isso que me motivava a viver. O negócio era um jogo no qual eu estava viciado. Se me fazia bem ou mal, pouco importava.

Eu sabia que estava crescendo num período em que as lojas dos outros segmentos estavam fechando. Olhei para trás e percebi que tinha inventado um negócio diferente. Quando algo é diferente, vende em qualquer momento, independentemente de crise.

Crise é uma palavra que pode significar oportunidade. O dinheiro não acaba, ele muda de mão. Se alguém perde, outro ganha. Crescemos nas oportunidades vindas da crise.

13
OS PILARES DO NEGÓCIO DE SUCESSO

O futuro pertence àqueles que se preparam hoje para ele.
MALCOLM X

Hoje, com a minha *expertise*, em um mês sei detectar quando um negócio vai virar. Depois de cinquenta lojas, você começa a pegar o jeito e entender qual é a lógica do negócio.

Para mim, o varejo é feito de quatro pilares: ponto, gerência, *mix* de produtos e vendedores.

Por exemplo, recentemente peguei a operação de um franqueado que estava prestes a falir e lancei o desafio:

– Vou te provar que em um mês eu vou vender no mínimo o dobro do que você está vendendo.

Em quatro dias eu já tinha vendido o triplo. Por quê? Por causa dos quatro pilares.

Em primeiro lugar, o ponto: nota dez. O shopping em que estava a loja já era maturado, que é como eu chamo um shopping aberto há alguns anos. Se o ponto for bom e a operação der errado, é por causa dos três outros pilares, não desse.

Se o ponto do empresário é nota dez, vamos olhar a gerência. É boa? Se a resposta for "não", mandamos embora e colocamos a nossa.

Mix de produtos é o terceiro pilar. Se está 100%, ótimo. Se é 15%, está ridículo, então vamos mudar o *mix*.

O último pilar é constituído por funcionários. Como estão os funcionários?

O que vai levar tempo de diagnóstico é exatamente os quatro pilares, porém uma coisa que você tem que observar logo no primeiro mês é o seu pessoal.

Como estão seu gerente e seus funcionários? É importante ter uma equipe boa, porque, mesmo não tendo um grande *mix* no primeiro mês, um gerente pode fazer a diferença.

Um gerente que se esforça é alguém que faz das tripas coração para o negócio dar certo, em vez de se acomodar. O gerente acomodado passa toda a energia negativa para os vendedores. Isso tem que ser diagnosticado logo no primeiro mês, porque o que estamos dizendo é que 50% do seu negócio depende de pessoas.

Quando se trata de pessoas em negócios, a preguiça é algo a ser evitado a todo custo. Se alguém tiver preguiça, vai dar errado. Uma das coisas que mais me tirou o tesão da loja de Campinas foi a gestão, porque, além de ser longe, eu não tinha tanta *expertise* de Recursos Humanos, então coloquei uma gerência, que era boa, só que as coisas não davam certo.

Para começar, o gerente tem que ser um bom líder, porque é ele que vai fazer essa engrenagem girar, ou não. Isso é essencial. Quando chamar alguém para uma entrevista para gerente, observe se a pessoa tem esses dois pontos fundamentais: liderança e organização.

Muitas pessoas têm um e não têm o outro. A liderança é importante porque faz a loja vender: um gerente líder consegue montar um time só com pessoas nota dez, faixa preta em vendas, porque tem experiência e sabe exatamente o perfil dos funcionários de que a loja precisa em cada momento.

Foi em 2014 que comecei a abrir lojas como franquias, e desde então manter o padrão é o maior desafio. Com muitos perfis dirigindo os negócios, acabo tendo que ser cauteloso para que o padrão da matriz seja rigorosamente seguido.

No começo, não havia muitas regras a respeito de quem podia comprar uma franquia da Kings. O necessário era o cara querer comprar, querer trabalhar e ter o dinheiro. Hoje é preciso mais, porque, depois de tantos perrengues, descobrimos que existiu um período de aprendizado necessário.

Como esse é um negócio dinâmico e jovem que muda muito rápido, é preciso estar muito esperto no *timing* do *business*.

No começo, a gente precisava captar franqueados, porque não sabia filtrar o perfil ideal. Existiam todos os tipos de perfis imagináveis. Foi assim que encontrei o perfil mais adequado.

Notei que, se for uma pessoa que já tem certa intimidade com varejo, como é o caso do franqueado profissional, que tem outros negócios, pode dar certo. Esse cara aposta em bandeiras, e isso é meio caminho andado. Se é alguém que não é do negócio e quer entrar, fica mais complicado entender a dinâmica toda.

Normalmente, a maioria daqueles que apostam em franquia são os que estão com carteira de trabalho, pegaram dinheiro e resolveram investir nesse ramo.

Ou o pai tem algum tipo de negócio e quer colocar o filho para tocar outro. Acho isso interessante, porque, se o filho está na mesma *vibe* da nossa empresa, conectado com as coisas que a gente faz, com a moda, com a música, tem tudo para dar certo.

A Kings é uma empresa jovem e empreendedora, e para trabalhar nela não se pode ter preguiça. Se o futuro franqueado é um cara que vai só tomar café e olhar a loja, não é do tipo que estamos procurando. Procuramos parceiros que acreditem no negócio e trabalhem junto com a gente para fazer a coisa virar.

Franqueados reativos esperam as informações, e os proativos buscam. Hoje, meu maior franqueado, chamado de máster, tem doze lojas Kings e é bastante ativo, um cara rápido, que cresceu na crise. Pegou as oportunidades dos shoppings baratos e foi abrindo lojas, sem buscar pontos caros. Ele tem tino comercial, é trabalhador e bom administrador.

Ele havia sido meu colega na faculdade e, quando nos reencontramos, anos depois, contei da Kings e ele comprou uma primeira loja. Foi imediata a percepção de que era um excelente negócio.

Como ele sempre foi um cara com o qual era fácil se relacionar, conseguia entender e aplicar os pilares facilmente. Ele sabia organizar e realizar, conhecendo as pessoas certas para ter sempre os melhores preços.

Só que, conforme o negócio cresce, surgem novos desafios. Para mim, desde que a expansão se tornou uma realidade, a dificuldade começou a bater na porta de outra forma.

Em 2017, muita coisa saiu da minha mão. Eu estava com uma empresa de pequeno porte, abrindo lojas sem parar, e não conseguia acompanhar o crescimento. Precisava começar a me cercar de pessoas mais profissionais, que tivessem certa intimidade com o processo.

Como sou imediatista e concentrador, eu queria fazer tudo: compras, organização financeira, supervisão de lojas... Acabei perdendo a mão de muita coisa.

Foi por isso que identifiquei a necessidade de contratar um diretor de multinacional, e, de um ano para cá, formatamos muita coisa. Mas, apesar do profissionalismo e da experiência de alguns, certas situações são inevitáveis.

Nesse período, conheci um jovem que jogava basquete, se conectava com todo mundo e tinha um pai com grana querendo investir em algo para ele. Ele me procurou com a seguinte proposta:

– Igor, meu pai me disponibilizou 1 milhão de reais para abrir duas lojas.

Fiquei vidrado naquilo. As lojas seriam incríveis. Eu sabia que elas teriam o visual e o *merchandising* certos, a mercadoria certa. Todos os pilares seriam de primeira.

A primeira pergunta que fiz foi:

– Qual shopping você quer?

Ele queria dois shoppings específicos, um em Tamboré, outro em Osasco.

– Com dinheiro entramos em qualquer lugar – respondi.

Só que na prática não foi bem isso que aconteceu. Logo que cheguei ao de Tamboré, eles me deram um categórico "não", dizendo que a Kings era marca de *rolezinho*, um movimento de jovens, a maioria da periferia, que se reúnem nos shoppings.

No de Osasco foi a mesma coisa.

"Não acredito que vou perder esse negócio", pensei.

Os pais dele eram religiosos, e disseram:

– Acho que não é pra gente entrar.

Eu fiquei oito meses batendo na porta dos shoppings com a grana na mão e perdi o franqueado.

Nunca mais tive 1 milhão de reais na mão para fazer a loja. Eu não conseguia acreditar. Como era possível?

Depois dessa desistência, abri uma franquia em Londrina e outra num shopping de São Paulo, mas ainda estávamos engatinhando.

Até que em determinado dia conheci um gringo chamado Lerry, que tinha uma loja de brinquedos da qual ia se desfazer no Morumbi Shopping.

Como ele estava quase falindo, queria virar a chave para outra loja, e essa loja foi a Kings.

Depois que a loja abriu no shopping do Morumbi, a chave virou para todo mundo.

Eu tinha um amigo no departamento comercial que era experiente e sempre me dizia:

– Igor, no dia em que a gente abrir loja no Morumbi, tudo vai mudar.

De repente, aquilo acontecia de verdade.

Depois disso, todos os dias choviam ligações de shoppings querendo a Kings.

Quando eu abri no Morumbi ainda era pequeno, mas, só de estar lá, as marcas entenderam. O paradigma tinha sido quebrado.

Se na selva você é o que você tem, a gente já tinha muito o que mostrar.

14
SÓ QUEM CRIA ALGO É COPIADO

*Para que meus inimigos tenham pés
e não me alcancem.
Para que meus inimigos tenham mãos
e não me toquem.
Para que meus inimigos tenham olhos
e não me vejam.*
JORGE BEN JOR, "Jorge da Capadócia"

A Kings nasceu literalmente de um sonho. Ela é parte de mim, a verdadeira materialização desse sonho, que se tornou realidade num piscar de olhos. Ou melhor, olhando a trajetória, parece que ela foi um simples piscar de olhos, mas a verdade é que, desde que comecei, os desafios foram cada vez maiores.

Tem gente que acha que tudo fica simples quando você começa a ganhar dinheiro e sua marca passa a ser conhecida. Eu criei a marca, ela está estampada em mim, e percebo que ser a alma da empresa é bom e ruim em todos os sentidos, porque sinto tudo muito antes das outras pessoas que estão envolvidas no processo.

Mesmo sendo uma loja multimarcas, a Kings é uma das marcas mais pirateadas do Brasil. E ela só é pirateada porque tem relevância dentro do mercado.

Hoje, enquanto discuto com especialistas em estilo, eu respiro fundo, pois, mesmo que a loja invista milhares de reais em tecnologia para identificar o perfil do consumidor, é meu instinto que diz sempre o que deve ser feito, porque o DNA da empresa corre nas minhas veias.

Muita gente me pergunta como transferir esse DNA para as pessoas que trabalham comigo, mas DNA não se transfere. Porém eu não acredito que tudo tenha que ser do meu jeito, e dou abertura para tudo e todos. Gosto de ouvir e ser ouvido para debater ideias democraticamente e encontrar aquilo que se adapte melhor dentro da marca.

Entretanto, por mais que eu lute contra essa necessidade de concentrar tudo nas minhas mãos, ainda percebo que, quando não sigo o que acredito ser melhor para a marca, em questão de estilo, as coisas afundam.

Alguns empresários me dizem que o nome disso é "sabedoria de negócio". Às vezes, meus colaboradores acham curioso que eu pareça um vidente dizendo o que vai acontecer com cada coleção e de que forma elas impactarão as vendas.

A questão é que eu sempre sei quem devo e quem não devo ouvir. Dizem que não devemos ouvir quem nunca teve um negócio, e eu concordo, porque muitas ideias podem parecer factíveis, mas só quem já viveu na pele a pressão de tirar uma ideia do papel entende como é desafiador navegar em mares turbulentos.

Não é uma fórmula matemática. É uma mistura complexa de infinitas possibilidades que acabam se encontrando e desencontrando no meio do caminho. Como aquele milhão que ficou entalado na garganta porque eu não pude encontrar um ponto num shopping que estivesse disposto a abrir a loja. Hoje, quando olho para trás, sei que portas emperradas talvez não precisem ser abertas.

Conforme fomos crescendo, a visibilidade aumentou de maneira assustadora, e eu, que costumava dizer que faria uma festa quando a minha marca fosse pirateada, me vi diante de uma situação sem saída.

Os produtos pirateados começaram a aparecer e, embora eu sentisse uma certa vaidade e alegria ao perceber que estávamos sendo copiados, fiquei perturbado ao ver que aquilo realmente impactava as vendas.

Há pouco tempo, enquanto escrevia este livro, assistindo à televisão, vi um sujeito dando entrevista no interior de uma cidade do Nordeste com uma camiseta pirateada. Era evidente que aquela não era uma Kings original, porque eu sei identificar uma a quilômetros de distância.

Embora eu soubesse das medidas legais que poderíamos tomar, também sabia que tentar fazer isso no Brasil era como enxugar gelo. Já me reuni com as entidades competentes, mas foi em vão.

Quando algo dá certo, corremos o risco de ser copiados. Se uma marca copia o modelo de negócio, é justo que ela venda, e aquilo se torna uma concorrência saudável. Mas não dá para copiar e vender como se fosse o concorrente.

Essa injustiça, apesar de doer no bolso e nas veias e de se mostrar mais difícil de encarar do que eu imaginava, era um retrato do Brasil. Eu conhecia aquele Brasil de perto. Já tinha vivido a realidade do CD pirata, já tinha presenciado a necessidade do autossustento, da vida que precisava ser limpa e honesta, mas sem qualquer alternativa.

Era crucial escolher pela honestidade e integridade ao criar uma marca como a Kings, que refletia um sujeito nascido na Boca do Lixo, com desafios de todas as espécies e 1 milhão de problemas para resolver.

Ao menos eu sabia que, por mais que não houvesse nada a fazer em relação às coleções que estavam sendo pirateadas, eu podia escolher a parte boa, que era me orgulhar por ter feito algo que tinha tanta identidade.

O que nascia como uma loja multimarcas tornava-se uma marca que atendia um desejo popular. Era a marca da mudança, a marca de quem queria se destacar, porque não queria que tudo continuasse sendo igual.

Uma marca, como uma pessoa, não nasce de qualquer jeito. A Kings tinha saído do meu corpo e ganhado vida, como um filho que corria pelo mundo e se multiplicava, criando pequenos clones.

Ser copiado teve seu lado bom e seu lado ruim. A coisa certa a fazer era continuar persistindo, com a certeza de que, enquanto eu estivesse acertando, alguém estaria tentando me copiar.

Essa regra nunca falha.

15
QUEM TEM *NETWORK* TEM TUDO

*Em terra de predadores,
um leão nunca teme o chacal.*
DEXTER MORGAN, personagem da série *Dexter*

Regras existem aos montes, e, no varejo, para quem nunca teve um negócio, é fácil falar. Parece simples estudar regras em administração e achar que estamos indo em um caminho certo só porque alguém já percorreu esse mesmo caminho e foi bem-sucedido naquele momento.

A teoria é uma coisa, e a prática do empreendedorismo é totalmente diferente. Eu diria que hoje, no meu negócio, a prática constitui 90%, e a teoria só serve para que eu possa entender e assimilar algumas regras.

Muitas vezes, tudo de que precisamos é sair das regras para poder dar certo. Na vida, seguir as regras pode dar certo ou errado, e tudo depende de uma série de fatores.

O mais arriscado nesse jogo é ouvir quem nunca teve um negócio.

Conforme o tempo foi passando, fui me cercando de pessoas-chave que eu admirava e percebia como eram comportamentos e atitudes em relação ao que eu precisava compreender.

Foi aí que eu entendi que talvez precisasse de um investidor para subir a outro patamar. E, para um empresário de pequeno ou médio porte, buscar um investidor não é fácil. Procurar alguém que acredita no nosso negócio para injetar dinheiro nele, é complexo, principalmente quando se trata de fundos de investimento.

O que eu costumo dizer é que *network* é melhor que dinheiro. Se você tem um *network* bom, nunca vai se dar mal. Relacionamento é o que constrói a história de nossas vidas. Se alguém que começa um negócio sem dinheiro não faz *networking*, não chega a lugar nenhum.

Eu fui crescendo com *networking*. De um lado tem aquele que pode injetar grana, de outro um que nos ajuda num *feedback* positivo, outro que nos inspira.

Um negócio sem grana só sobrevive com uma rede de contatos, e isso eu sei não apenas por mim, mas também porque as pessoas mais bem-sucedidas que conheço se apoiam nessa máxima.

Meu melhor franqueado, por exemplo, cresceu porque conhece muita gente e, conforme foi colocando as pessoas na jogada, foi vendo o negócio voar.

Ao mesmo tempo, à medida que me relaciono com as pessoas, percebo que acabo confiando demais, e isso também pode ser perigoso, como no caso da rasteira que levei do primeiro franqueado que tive.

Como na minha vida nada foi fácil, esse golpe me deu forças para vencer e mostrar para mim mesmo que eu era capaz de seguir em frente, mesmo quando estivesse cercado de desafios ou de pessoas com baixeza moral que só pensassem em si mesmas.

Os desafios podem nos tornar maiores e fazer com que descubramos uma fé e uma força que jamais imaginaríamos que existissem dentro de nós.

Mas, em nenhum momento, quando lidamos com mau-caratismo, devemos nos blindar das pessoas, que são importantes para o nosso aprendizado, sejam elas desonestas ou prósperas e amigas. Pessoas sempre nos trarão soluções ou desafios, e, embora tenhamos o dever moral de nos afastar de quem nos contamina, isso também serve como aprendizado.

Lembro que, quando era mais jovem e só conhecia aquele núcleo de amigos do centro de São Paulo, comecei a namorar uma garota da zona sul que me apresentou um outro mundo. Parecia uma realidade paralela da qual eu me sentia desconectado.

Eu observava o comportamento e as atitudes daquelas pessoas e ficava imaginando que elas não sabiam o que eram desafios. Provavelmente nunca tinham passado necessidade financeira ou presenciado assassinatos na porta de casa. Eram pessoas que estavam vivendo da maneira delas, aparentemente felizes.

Ter relações com todos os tipos de pessoas possibilitou que eu compreendesse que *networking* é importante para o negócio e para entender a vida, porque, quando nos relacionamos, vamos entendendo a nós mesmos.

Hoje, tenho noção da pessoa que me tornei. Tenho clareza do que vivi e do que enfrentei, sem me sentir vítima do mundo, mas sem me colocar no papel de herói de nada. Vivo a vida em todas as suas tonalidades. Enfrento as alegrias, os medos e as dores, e só fico assustado com quem tenta viver sorrindo superficialmente sem olhar para dentro e para o que importa.

Se existe uma coisa que pode sabotar o ser humano é essa capacidade constante de comprar coisas para fazer de conta que o dinheiro pode pagar tudo. Não é de dinheiro que a gente é feito. É de sonhos.

Hoje não me movo pelo simples fato de ter um faturamento interessante. Sou movido pelo propósito de transformar a vida de milhares de pessoas envolvidas em cada operação, pelo propósito de educar as pessoas, principalmente os jovens, para que elas entendam que nada vem fácil e que a parte desafiadora da vida precisa ser encarada como um presente.

Momentos de crise são um presente porque nos obrigam a resolver questões com as quais não sabíamos lidar antes.

Conhecendo pessoas, tudo fica mais fácil; aliviamos o peso da carga e, mesmo que não saibamos resolver sozinhos, podemos nos conectar com quem está disposto a nos dar a mão para subirmos mais um degrau.

É por isso que eu vivo e existo. Para fazer a diferença, pelo menos no lugar de onde vim.

Construa um *network*, mas um *network* real, não apenas com quem pode te dar alguma coisa em troca. Faça o seu melhor e cerque-se de pessoas que gostariam de você, mesmo que você estivesse na merda.

São essas pessoas que você precisará ter ao seu lado.

16
SEJA INTUITIVO – SEU NEGÓCIO É VOCÊ

Dinheiro e sucesso não mudam as pessoas; eles só ampliam o que já está lá.
WILL SMITH

A Kings sempre foi uma empresa baseada na intuição, e hoje, por mais que façamos planejamentos com três anos de antecedência, é complexo aquietar a mente no meio do caos para saber em que direção seguir e quais decisões tomar.

Como líder, preciso coordenar e estar atento a todos os movimentos da minha empresa. Eu sempre consegui ter *insights* poderosos, mas só até o momento em que a empresa começou a crescer e as coisas foram saindo das minhas mãos.

Agora, não sabemos se o que está falando é a intuição ou a mente, tentando nos distrair e enganar. Era fácil intuir o que fazer quando tínhamos apenas vinte lojas, eu mesmo conseguia administrar tudo. No entanto, quando começamos a ter muitas pessoas envolvidas no processo, tudo começou a se dispersar. Eu entendi que existia um limite para minha atuação e que era preciso ouvir especialistas sobre diversos assuntos para crescer. Caso contrário, ficaria do mesmo tamanho.

Em muitos momentos, peitei decisões com a minha intuição e, quando não fiz isso, algo ruim aconteceu. Nas duas últimas coleções da Kings, coloquei a mão em apenas 30% das peças e deixei a equipe de estilo fazer o resto, porque tinham *expertise*. Para a surpresa de todos, só os 30% em que coloquei a mão foram vendidos. Paguei um preço alto por ter deixado as decisões nas mãos deles, mesmo vendo o que não me agradava.

Em uma das coleções de inverno, enfrentei a pior das catástrofes quando assinei, até 2020, uma ferramenta caríssima que deu uma solução ineficaz, porque não vendeu.

Para mim, que fui o criador e quem idealizou e inventou o negócio, é difícil lidar com isso.

Hoje, considero que entramos para a história: somos uma loja multimarcas que vende mais produtos da própria marca do que de marcas famosas, como a Nike.

A intuição me guiou desde o dia em que sonhei com o nome da loja. Desde o início eu sabia que aquele sonho de moleque de criar moda *street* ia se materializar e eu ia entender tudo aquilo que estaria na cabeça das pessoas.

Em que ponto a Kings virou algo que todo mundo queria vestir? Quando me dei conta, a marca já estava forte no mercado. Esse caminho foi construído com pequenas ações, como a que eu tinha feito com o Projota no Shopping Diadema; com permutas com influenciadores que ainda nem levavam esse nome; com parcerias estratégicas e absolutamente intuitivas. Tudo foi conduzido como uma música que eu orquestrava.

Na época, eu nem sequer tinha grana para pagar um sujeito que era visto como influenciador. Sabia que determinados nomes da música poderiam contribuir com a marca, trazendo atitude e estilo para a Kings, mas nem entendia como poderiam funcionar esses investimentos.

A intuição também me levou para um caminho interessante: tivemos a primeira loja-conceito de basquete no Brasil, que vende tudo que se usa no *lifestyle* do esporte fora da quadra, e foi exatamente onde ficava a loja 34, o número que a Kings ocupa na galeria.

Começar a vender o *lifestyle* do basquete na Kings foi uma iniciativa calculada e pensada com a Nike, que apostou no estilo e na ideia. O conceito era interessante e exclusivo: todo mundo que curtia basquete começou a frequentar e a sair nas ruas com as roupas características. O estilo de vida fora das quadras tinha um público cativo, e até hoje, aos sábados, tenho filas na porta, porque colocamos produtos com desconto.

A intuição pode não ser encarada com seriedade por grande parte dos empresários, mas é vital que saibamos entender e ouvir essa voz interna para nos guiarmos e tomarmos decisões assertivas em momentos de crise.

Muitos empresários desprezam a voz da intuição e seguem a razão e a lógica, mesmo quando sentem que devem ir na direção contrária. Alguns se ouvem e conseguem imprimir um pouco de si no trabalho que realizam.

Da minha infância, não carrego qualquer recordação de meus pais nos fazendo exercitar o músculo da intuição, mas hoje vejo como é primordial dar essa autonomia para meus filhos seguirem seu coração, fazendo aquilo que os toca.

Quanto mais pendemos para o lado econômico, buscando dinheiro e bens, mais acabamos nos afastando de uma vida com propósito. Muitas vezes, a empresa perde a essência porque o fundador literalmente perdeu o tesão de viver. Ele perde a inspiração porque deixou a vida escapar na busca incessante pelo crescimento. Sem a parada obrigatória para respirar, não existe equilíbrio dentro do ser humano. Precisamos respeitar o ritmo interno e escutar as batidas do coração, porque lá dentro sempre temos a resposta, e a vida só confirma nossas certezas.

Não precisa se preocupar em explicar todas as suas decisões. Muitas delas parecerão inexplicáveis para a maioria das pessoas que estiverem ao seu redor, mas lembre-se de que você não precisa provar nada para ninguém.

17
O *TIMING* DA VIDA

*O pior dos problemas da gente é que
ninguém tem nada com isso.*
MARIO QUINTANA

Muita gente me pergunta qual o segredo para não se preocupar. É engraçado que querer viver sem se preocupar é como querer andar sem respirar. É impossível que a mente humana – exceto a dos budas – se afaste dos pensamentos que nos viciam e insistem em nos perturbar com milhares de bobagens.

Às vezes, alguns pensamentos irritantes e desastrosos que mostram os piores cenários ficam constantes e chegam a tirar nosso sono.

O resultado que esperamos não chega do dia para a noite, e, impacientemente, muitas vezes acreditamos que o sonho chegou ao fim e passamos a dar mais atenção a esses pensamentos catastróficos.

Em meados de 2016, com um crescimento irrefreável da marca, senti que tudo estava saindo da minha mão e entrei em desespero. Muita coisa saia da mão e eu entendia que naquele momento teria que tomar alguma atitude que me direcionasse para algum lugar.

Fui captar um investidor e, mesmo sabendo que as coisas não aconteceriam do dia para a noite, não imaginei que demorariam quase um ano para se acertar. Diversas contratações e pessoas diferentes formaram um quebra-cabeça complexo de montar.

Eu só conseguia pensar no pior cenário, e foi aí que percebi que a melhor coisa a fazer era sempre se preparar para o pior. Mas nem sempre o pior acontecia. Era o pior dentro da minha cabeça que mais me assustava.

Minha vida ganhou um contorno interessante quando assisti ao *O poderoso chefão* e percebi que era aquilo que eu queria ser. Não um mafioso, mas alguém que tivesse liderança e superasse os inimigos sem fazer alarde. Don Corleone tinha liderança, matava o inimigo na unha e gostava de mostrar quem era sem fazer alarde. Essas características se tornaram uma referência forte para que eu pudesse adquirir frieza nos negócios.

Comecei a levar minha vida de maneira concentrada a partir daquele momento e percebi que era essencial ter certa frieza, já que, no varejo multimarcas, se não tem a cabeça boa, você é engolido.

O segredo do varejo é a compra. Quem compra bem, ganha. Quem não compra não vai a lugar algum. Se você esperar a compra futura chegar à loja para vender, não vai ter nada. Portanto, se você souber jogar o jogo do varejo, se souber usar bem e comprar bem para ter *markup* alto, o jogo estará do seu lado.

Ao mesmo tempo, tem que ter a cabeça limpa, estar descansado, comer bem. Isso influencia os resultados, porque quem vive em desequilíbrio é incapaz de se manter focado na hora de tomar decisões importantes.

Hoje, eu sou um sujeito que lida com aproximadamente quinze problemas num dia. Se não resolvo todos, não consigo ir para casa. Seja de que área for, não deixo nada para o dia seguinte.

Não precisamos ser monotemáticos, ou especialistas de uma coisa só. Dá para resolver quinze problemas diferentes em um dia.

Quem é voltado para resultados, como eu, observa tudo para não perder o controle. Eu gosto de resultados. Quando o resultado está negativo, eu boto a cabeça para pensar fora da caixa, buscando revertê-lo.

Falo com o meu gerente de varejo todos os dias até a meia-noite. O shopping fecha às 22 horas, e sei que ainda levam uma hora até fechar o caixa. Todos os dias, da minha casa, quando é meia-noite ainda estamos nos falando. Se as metas não são batidas, pensamos em estratégias para correr atrás do prejuízo e as colocamos para rodar no dia seguinte.

Não podemos perder o *timing* do mês. Não dá para esperar o resultado passivamente, principalmente num negócio. Se ele está saindo do escopo inicial ou do controle, alteramos ou recalculamos a rota até acertar.

Precisamos de bons gestores ao nosso lado. Antigamente, quando a Kings era menor, eu conseguia fazer tudo sozinho. Hoje não existe essa possibilidade.

Tenho que ouvir meus funcionários. Todos erram, mas precisamos ouvi-los assim mesmo, porque a verdade pode estar com eles. Em tempos de instabilidade financeira, econômica ou política, muita gente sai do eixo e começa a vibrar na frequência do coletivo, geralmente mais pessimista, reproduzindo discursos ou comportamentos sem parar para refletir sobre eles – e é nesses momentos que é mais importante dar atenção às pessoas ao nosso redor, que podem estar com a cabeça no lugar quando nos sentimos um pouco perdidos

Talvez ter tido uma vida com tantas turbulências e ter sobrevivido a todas elas tenha feito com que eu desenvolvesse uma maneira de me equilibrar para não deixar que o meio me tirasse do eixo.

Como assim, Igor?

Explico: sabe o que é ver um cara morrer vítima de uma facada na sua frente? Viver subindo e descendo escada no meio de pessoas sob efeito de drogas, ou traficantes? Pois é: eu enxergava essa realidade tão de perto que nada me chocava. Ao mesmo tempo, precisava ter a cabeça boa para fazer as escolhas certas.

Conforme fui crescendo, a juventude trouxe experiências que me fizeram entender quanto a vida noturna era uma válvula de escape, nos dando a possibilidade de fugir da realidade momentaneamente e nos sentirmos melhor.

Só que é durante o dia, à luz do sol, que a gente constrói a nossa história.

Eu precisava estar sóbrio, presente. E, mesmo nos dias ruins, não podia usar a bebida como anestésico quando chegasse em casa cansado e preocupado.

Ninguém é de ferro, e a gente precisa aprender a equilibrar a vida sem perder o *timing* das coisas, tanto do negócio quanto da vida pessoal. Porque a vida é um piscar de olhos, e a gente se engana com o tempo, quando começa a trabalhar resolvendo problemas do trabalho.

Todos os dias resolvo problemas de todos os tipos e me questiono: "Qual o pior cenário se tudo acabar?".

Também levo isso para minha vida pessoal. "Na pior das hipóteses, qual o cenário, vou pra onde, fazer o quê?". É preciso ter tudo isso na mente para que saibamos o que fazer caso os planos não vinguem.

No passado, meu medo maior era falir. Todo empresário tem medo de quebrar. Quanto maior você fica, maior o risco. É como foguete: ele sobe bastante, mas, quanto mais alto, pior a queda.

Mesmo sabendo de tudo que me apavora e colocando o pior cenário diante dos meus olhos, percebo que meu maior medo mesmo é perder o *timing* da vida como um todo. Perceber que a vida passou e não criei meus filhos, não fiz as coisas na hora certa. Se você perde a mão, você perde o *timing*. Se você perde um bom funcionário, você perde o *timing*. Se você perde um excelente ponto comercial, você perde o *timing*.

E *timing* é algo que não se pode perder. Cada um precisa olhar as áreas da sua vida que sente que estão saindo do controle e manter o foco nelas para que não se percam. Para alguns, essa área é a vida profissional, mas, para a maioria das pessoas que conheço, é a vida pessoal, os relacionamentos, a casa, os filhos.

Tempo é algo que a gente não consegue recuperar, diferente de dinheiro, que é possível trazer de volta.

Com o tempo não se brinca. Ele passa e, quando vê, você desperdiçou a chance de bater uma bola com seu filho, de vê-lo dar os primeiros passos, de ter aquela conversa que gera intimidade. De repente, tudo vira um abismo.

Muita gente me pergunta se dá para equilibrar todas as áreas da vida ao mesmo tempo. Para mim, é possível. Eu acredito que temos como ir focando, pouco a pouco, aquilo que queremos. Não podemos esquecer que existe vida pessoal quando nos afundamos na empresa, querendo equilibrar as contas. Não podemos esquecer que existe saúde, quando ficamos noites sem dormir ou dias sem almoçar para dar conta do recado.

É preciso entender que dá para ser produtivo sem exceder o número de horas trabalhadas, com foco e inteligência.

O Igor que começou a Kings era um menino que só sabia trabalhar e conquistou o crescimento da empresa com muito suor. Nada vem de graça. Por outro lado, sei quanto estive ausente na vida do meu primeiro filho durante os anos de crescimento da empresa e hoje, pai do segundo, que ainda é bebê, enquanto escrevo este livro, entendo que o *timing* das coisas é o mais importante, porque não podemos ganhar de um lado e perder de outro.

Se você está começando agora no ambiente de trabalho, seja na área que for, olhe para a sua vida. Não deixe a peteca cair com os amigos que estiveram ao seu lado quando você não era ninguém. Não esqueça seus pais, aqueles que te fizeram crescer e muitas vezes se sacrificaram para que você tivesse o que comer. Não vire as costas para a mulher ou o homem que acreditou em você, quando ninguém acreditava, nem deixe de lado a criança que foi fruto dessa união.

Dinheiro nenhum no mundo vale, se você se tornar um ser humano desprezível, que não valoriza pessoas nem vidas. Você precisa construir algo, mas sem perder a humanidade no processo.

Pense nisso e, mesmo que ainda esteja no começo, não perca a sua essência. Porque essência e história não se compram nem se inventam. São só suas, fazem parte de você. São intransferíveis.

18
FAÇA POR VOCÊ

O ser humano é falho, hoje mesmo eu falhei
Ninguém nasce sabendo, então me deixe tentar
PROJOTA, "O homem que não tinha nada"

Muita gente diz que o segredo do sucesso é ter resiliência, paciência e foco, mas ao longo da vida percebi que nem sempre isso é verdade.

Minha maneira de lidar com as emoções é um capítulo à parte neste livro, e, embora todo mundo me considere um sujeito calmo, porque sempre transmiti serenidade, já explodi várias vezes na empresa.

Existem alguns momentos em que temos que aprender a diferenciar a vida pessoal da vida profissional, e poucas pessoas entendem que discordar, brigar ou discutir no trabalho não tem relação direta com uma discordância na esfera privada.

Já bati muitas vezes na mesa, xinguei e briguei na empresa, e depois da reunião convidei o pessoal para tomar cerveja. Às vezes, as pessoas não conseguem entender que uma explosão no ambiente de trabalho pode ser saudável. Uma discussão em que colocamos toda a nossa energia e ação em prol de uma causa faz com que o time enxergue onde estamos errando com intensidade. É como um técnico que dá duro no seu time quando perde. Sem mimimi, a equipe chega longe se for profissional e ouvir o que ele tem a dizer.

Poucos meses depois da Copa do Mundo, surgiu um vídeo com uma bronca do técnico da França em seu time, e era excepcional ver como todos recebiam bem as críticas feitas de maneira ferrenha por ele, que se exaltava para dar aos jogadores a exata dimensão do que eles estariam perdendo naqueles jogos decisivos. O resultado todos sabemos. A equipe performou magnificamente na Copa daquele ano.

O que eu quero dizer é que, se levarmos uma crítica do âmbito profissional para o âmbito pessoal, podemos colocar tudo a perder.

Eu sempre tento não deixar as emoções atrapalharem o negócio. Precisamos contagiar, provocar, disseminar o DNA da empresa, trazer ânimo e força para os colaboradores, mas, no fim do dia, o CEO é o líder.

Isso significa que ele precisa passar confiança para todo mundo e estar sempre no comando. Além disso, é necessário que ele tenha respeito e humildade para com os subordinados, e, mesmo que haja explosões, que elas não percam isso de vista.

A liderança exige pulso firme, energia e garra, seja na sua empresa, na sua casa ou em qualquer lugar. Se você estiver no controle, vai dar certo.

Ter equilíbrio é encontrar a maneira certa de ser você, de contagiar positivamente as pessoas, de não perder a calma no dia a dia, mas explodir, quando for necessário trazer movimento para o ambiente.

Quem acha que equilíbrio é calmaria está errado. A natureza é equilibrada justamente porque ela respeita seus ritmos. A vida se apresenta em ciclos, altos e baixos, frio e quente, iluminado e escuro.

Muitos gestores não sabem liderar por isso. Ficam com medo de deixar transparecer raiva, que é uma energia altamente positiva quando bem direcionada, sem ofender ou usar violência, e sucumbem.

Mas também não é o mundo ideal deixar a peteca cair e chorar na frente da equipe.

Muitas vezes eu fui para um lugar estratégico da empresa, aonde ninguém ia, e chorei, meditei e descarreguei todo o medo. É melhor fechar a porta e chorar sozinho do que deixar transparecer o temor, a angústia. Chorar faz bem, explodir faz bem, e guardar nos consome por dentro.

A maioria dos homens que conheço não consegue trazer à tona as emoções por meio de palavras, e isso dificulta que se exponham e evidenciem as dores emocionais.

No entanto, lembre-se de que é melhor não extravasar na frente dos seus subordinados, porque isso traz insegurança a eles.

Eles precisam saber que estão sendo liderados por alguém consciente de tudo.

A empresa é como um filho: você precisa se preocupar com ela 24 horas por dia. Existem muitos perfis diferentes de colaboradores e funcionários, e é preciso pensar o tempo todo nas estratégias de venda e em como cada pessoa se encaixa dentro da empresa.

As coisas mudam muito rápido, e precisamos ver como as pessoas estão se virando na vida. Hoje você tem uma certeza, mas amanhã os tempos serão outros, então não dá para pensar em amanhã com a fórmula que você utiliza hoje.

Vejo amigos se dando bem em coisas que até pouco tempo não existiam. O KondZilla, por exemplo, que é *videomaker*, hoje é o segundo maior canal de YouTube do mundo.

Outros, como Shin, aquele amigo com quem abri a primeira loja de *street wear* em Campo Grande, estão milionários com o marketing de rede.

Foram formados alguns núcleos de negócio, e muitas pessoas estão se dando bem em segmentos nos quais nunca trabalharam antes.

Administração parece ser fácil, mas é muito difícil. Se administrar uma casa com dois filhos é difícil, imagine uma empresa com duzentas pessoas diretamente empregadas e quatrocentas indiretamente.

Um dos meus medos é tudo dar errado, porque sei que há muitas famílias vivendo desse dinheiro. Saber que uma decisão pode impactar a vida de tanta gente é complexo. Preciso pensar na empresa e no todo.

Administração é ter a equipe na mão. Por isso, a relação com os subordinados precisa ser pensada.

Minha estratégia, que nunca deu errado, é tratar todos como amigos e seres humanos. Ajudando, levando para almoçar, entendendo os problemas.

Trata-se de uma hierarquia do futuro. Não existe essa coisa de que chefe e funcionário não se misturam. Chefe, ou patrão e funcionário são conceitos que não exsitem. Quem tem chefe é tribo de índio.

Na Kings, temos que ser uma família, já que passamos mais tempo com os colegas de trabalho do que com nossos familiares. Depois de tantas horas juntos, desenvolvemos intimidade e até amor pelos colegas.

Se somos uma família, temos que pensar em nos ajudar mutuamente. Quem quer ficar rico tem que deixar os outros ricos.

Minha empresa tem dois supervisores que são responsáveis pelo cuidado com as pessoas em toda a rede.

Quando o resultado daquela unidade não sai, temos que diagnosticar o que está acontecendo. Geralmente, a primeira coisa que fazemos é observar os quatro pilares, sobre os quais já falamos antes.

Temos que observar se há discrepância nas vendas quando, por exemplo, um vendedor vende 40 mil reais e o outro, 10 mil. Quando eu digo "Faça por você", também estou falando com o vendedor que está performando mal e não percebe que pode tomar as rédeas dos próprios resultados.

Cada colaborador precisa estar conectado com o que está fazendo.

Existe hoje uma peneira para ser funcionário da Kings. É necessário conhecer a moda *street* e estar conectado com o que está acontecendo ao redor do mundo.

Não tem como saber de cara se alguém é um *supervendedor*, porque vender é uma atividade muito prática, e por isso só quando o funcionário está em campo sabemos o resultado.

Ao mesmo tempo, não adianta só vender e não ter o comportamento adequado. É preciso ter o comportamento certo e se dar bem com a equipe.

A estratégia que bolamos para a Kings é que o vendedor se sinta desafiado a querer vender mais. O colaborador tem um salário fixo e ganha um percentual que dobra quando consegue bater a meta. Essa estratégia é feita para ele querer bater a meta.

Quando isso acontece, vem outro desafio. Eu dou a segunda, a terceira e a quarta metas e, quanto mais metas ele atingir, mais bonificações ganhará.

Muitos vendedores se mostram mais agressivos e vão para cima da quarta meta. Enquanto uns conseguem atingi-la, outros não atingem nenhuma.

O processo para entender o que se passa com o colaborador que não atinge a meta é simples. Precisamos sempre conversar para saber se ele está com algum problema pessoal que impossibilite que siga adiante. Na maioria das vezes, ele só não está levando o trabalho a sério e precisa agarrar aquela oportunidade.

Um vendedor ruim pode acabar com uma operação. Por isso, se o problema não é diagnosticado rapidamente, podemos perder como equipe e como grupo Kings.

Se você faz por você, seja um vendedor ou um líder, quanto mais pensa em crescer, mais ajuda os que estão ao seu redor a crescerem também. Não se esqueça. Não adianta esperar os outros te ajudarem. Ajude a si mesmo. O resultado vem para todo mundo.

19
TENHA CLAREZA DO QUE QUER

> *Um mano firmeza fala sempre com clareza*
> *Está contra a realeza que ostenta essa pobreza*
> *Mais vale a liberdade e o bem que ela te faz*
> *Liberdade é tudo aquilo, liberdade é muito mais.*
> SABOTAGE, "Cantando pro santo"

Conforme a vida foi me apresentando desafios, tanto na vida profissional quanto na vida pessoal, cheguei à conclusão de que nada mais me frustra.

Quando recebi a proposta de 1 milhão de reais em duas lojas e não consegui o ponto, foi como se alguém tivesse chegado com a festa surpresa e eu tivesse precisado ir embora. Daquele dia em diante, percebi que não tinha muito o que fazer quando a força da vida apontava para outra direção.

Ao entendermos que certas coisas não acontecem porque talvez não devam acontecer, começamos a assimilar o aprendizado que a vida nos apresenta, em vez de encararmos apenas o desafio.

Daquela situação, o aprendizado foi que nem sempre as coisas acontecem na hora em que a gente quer.

Essa foi uma prova bem concreta de que nada aconteceria na hora em que eu queria que acontecesse. Eu queria uma franquia, uma rede, e aquele era o segundo franqueado. Depois daquela proposta, não surgiu ninguém com tanto poder de fogo me fazendo alguma oferta, e hoje eu percebo que realmente não era para ser.

Pensando comercialmente, mesmo depois de anos, eu nunca voltei a procurar aquele jovem, porque acredito que não era para ser e que não dá para empurrar uma porta emperrada.

O empresário sente as coisas. O cara que é sensitivo no negócio voa. Quem não tem essa capacidade de *sentir* não vai muito além.

Se ligarmos os pontos racionalmente, aquele jovem cujos pais queriam investir na Kings tinha tudo para dar certo. Era novo, fã de NBA, conhecia vários atletas e estava disposto a trabalhar. Era formado em engenharia, capitalizado. Não tinha como dar errado.

No entanto, depois de insistirmos por cerca de oito meses e vermos que não daria certo, pensei: "Sai da frente e vamos para outra".

Desistir na hora certa é uma sabedoria que vem da experiência. A sabedoria, em geral, também é um pouco de experiência. Tudo é preciso praticar, exercitar, inclusive a fé.

Na realidade, depois de tantos desafios, nada me frustra. Muita coisa me deixa triste por um momento, mas não fico frustrado.

Quando fico triste, não tento me distrair. Gosto de encarar a tristeza. Não podemos colocar a sujeira debaixo do tapete, porque uma hora ela vai reaparecer. Hoje vemos muita gente fazendo de conta que tristeza não existe, nessa mania maluca de postar fotos com sorrisos falsos pelas redes sociais, enquanto esconde uma realidade muito complicada e triste.

Vemos pessoas se distraindo com comida, com anestésicos, com televisão, com drogas, com internet. A distração está espalhada por todos os lados.

Pouca gente encara a vida como ela realmente é: com desafios de todas as espécies.

Além de encarar a dor, eu gosto de resolver o que precisa ser resolvido. Sou um cara de execução, como já afirmei. Não gosto de levar problema para outro dia. Tudo tem que ser feito na hora. Gosto de ter clareza de tudo e corro atrás disso.

Por que vou abrir dez lojas? Por que tenho uma meta? Por que arrumei um sócio investidor? Qual a estratégia? E o pior cenário? Faço centenas de perguntas a mim mesmo todos os dias para encontrar direções.

Para ter clareza, você precisa fazer as perguntas certas, mas também tem que saber quem realmente é, principalmente se tiver uma história de vida parecida com a minha.

É diferente ser rico quando você vem da periferia ou quando nasceu com essa herança. Quem nasceu rico tem muito mais desprendimento com o dinheiro, porque ter dinheiro sempre foi uma realidade para essa pessoa.

Se você não tem clareza de quem é e dos seus objetivos, não sabe se portar na vida. Se você é alguém que quer comprar carros só para mostrar para os outros, precisa saber que gasta dinheiro para mostrar para as pessoas alguma coisa que você não é.

Eu já tive esses picos de altos e baixos. Em um ano tinha um carro popular, e no outro, um de 350 mil reais. Eu me empolguei com o sucesso. Só que não me senti bem em me posicionar desse jeito e logo voltei a ser quem eu era de verdade.

Hoje, ando de moto, de trem, e continuo frequentando os mesmos lugares de sempre. No antro em que vivi e sobrevivi, as amizades sempre foram essenciais, tanto as que se deram bem quanto as que se deram mal.

Com dezesseis anos, eu tinha clareza de quem queria ter ao meu lado. Sabia que não queria andar com bandido, mas também não queria estar ao lado de gente que fechava os olhos diante do sofrimento humano.

Eu via muitas pessoas que não tinham percepção do sofrimento. Todo dia, quando acordava, eu olhava o Treme-Treme, que era um prédio na Santa Efigênia que estava caindo aos pedaços, descia e esbarrava em usuários de *crack* e bandidos.

Hoje convivo com pessoas que nem sonham que respirei essa realidade e que não sabem o que é miséria. À noite, o centro da cidade é um submundo.

A clareza necessária para se viver é entender que tem gente que vive na favela e é feliz e tem gente que é cheia da grana e sofre de depressão.

Felicidade tem a ver com dinheiro? Claro que tem.

A felicidade está atrelada ao dinheiro, porque ele te proporciona coisas melhores.

A amizade influencia muito a sua vida no futuro, principalmente em relação aos negócios. Se você anda com gente que te empurra para trás, você não vai para a frente. Um amigo é como uma peça de carro: se não for boa, original, se for meio remendada, pode fazer você perder o *timing* da vida, pode fazer você se perder, sair do seu caminho ou se distrair.

Ter clareza do que se quer é saber que seu caminho é seu e de mais ninguém. Você vai pagar o preço, aqui na Terra, de tudo que fizer de bom e de ruim.

Quando prejudicar alguém, vai viver seu inferno pessoal. Ao mesmo tempo, quando seguir seu coração, sua intuição, e entender para onde deve ir, as forças universais vão conspirar a seu favor.

É tudo uma questão de não deixar a tempestade nublar seu pensamento. Haverá dias de chuva em que você vai ter vontade de sair de cena e largar tudo, mas não esqueça o seu porquê. Essa clareza é que te fará levantar da cama todo santo dia.

20
O PRIMEIRO MILHÃO NÃO MUDA NADA

Ainda vejo o mundo com os olhos de criança
Que só quer brincar e não tanta responsa
Mas a vida cobra sério e realmente não dá
pra fugir.
CHARLIE BROWN JR., "Lugar ao sol"

Quando eu era novo, imaginava que, quando fizesse meu primeiro milhão, a vida estaria ganha.

Depois de trinta e poucos anos, percebi que o primeiro milhão é uma ilusão. Nada muda. A responsabilidade só aumenta, porque você está empregando mais famílias. Os gastos triplicam, e o trabalho é ainda maior. A preocupação nesse patamar é dobrada, maior do que quando não existiam nem os trezentos reais para começar o negócio.

Por isso eu quero que você pergunte a si mesmo: "Qual objetivo estou perseguindo?".

Se for alcançar 1 milhão, entenda que o dinheiro pelo dinheiro não vai mudar a sua vida. É preciso saber o que você quer construir, por que quer levantar todos os dias e como quer deixar a sua marca no mundo.

Eu trabalho sem pensar no lucro, principalmente no lucro de curto prazo.

Muita gente costuma pensar primeiro em ganhar dinheiro, e depois em trabalhar. As pessoas querem ter um emprego que segue a CLT e tirar um dinheiro contado para comprar as coisas.

Se você pensar antes de qualquer coisa em resultado, em retorno financeiro, sem planejamento, não chegará a lugar algum.

Meu negócio cresceu torto e de uma forma errada. Eu era militante do centro e queria crescer na região. Já tinha alugado mais de vinte salas para o meu estoque e pagava cerca de 20 mil reais por um aluguel.

Quando vagou um prédio de uma grande marca e me ofereceram o local, achei que era demais para mim, mas o preço do aluguel era a metade.

Veja só que curioso, era como meu pai sempre dizia: na vida, você vale o que tem. Quando meu escritório mudou, mesmo com o faturamento igual ao de antes, todo mundo passou a me respeitar e a me enxergar de outra forma.

Se você vai a uma reunião com um carro caro e luxuoso, será bem recebido. O mercado te olha de maneira diferente quando você é dono de uma empresa.

Depois que me mudei para esse prédio, o mercado começou a me respeitar. Mesmo que eu nunca tenha ligado para o que as pessoas falavam de mim nem dado trela para a opinião dos outros, é natural que observe a diferença no tratamento após ter me tornado um sujeito com alguns milhões na conta.

De repente surgem os puxa-sacos, as pessoas que criticam sem saber a sua trajetória, os traidores. Agora enfrento ainda mais desafios do que na época em que era só um cara que vendia CDs na Galeria do Rock.

Hoje tenho a responsabilidade da liderança. Sou líder porque formei uma opinião que deu certo. Mais do que isso, um líder tem a capacidade de agir sem saber se está fazendo da forma certa ou errada, e sem ficar parado esperando a resposta.

Se alguém ouve cem pessoas para tomar uma decisão, esse alguém não é líder. Precisar da opinião dos outros para tomar uma decisão não é liderança.

O líder tem que ouvir, filtrar, mas tem que saber que é a opinião dele que vai valer. Ser líder é como saber colocar um time em campo para ganhar. É preciso mudar o jogador na hora certa e ter uma sabedoria que vai muito além do que está nas escolas e faculdades.

Quem trabalha pelo dinheiro geralmente acaba a vida frustrado e sem amigos. É necessário olhar ao redor e entender que o dinheiro é importante, mas que o primeiro milhão não muda nada. Sua saúde vale mais do que isso. O sorriso do seu filho vale mais, as amizades, os relacionamentos, os pais.

E o dinheiro pelo dinheiro também perde o valor, porque, conforme você começa a ganhar, os investimentos aumentam e se fazem necessários.

Nada vem fácil. Por isso, é preciso dar valor a cada dia da sua jornada, a cada gota de suor, a cada lágrima. Relembrar cada noite não dormida, mas que fez com que você conseguisse realizar seu sonho.

Uma vida sem sonhos é uma vida não vivida. Eu consegui abrir a Kings, que nasceu literalmente de um sonho. Mas esse sonho já vivia dentro de mim. Eu tinha a motivação necessária para torná-lo realidade.

Descubra quais são seus sonhos, lute por eles. Não espere que nada caia no seu colo. Mesmo que Deus te ajude, essa ajuda só vem se você andar e confiar. Se você tem fé, caminha sem medo do que pode dar errado. Se tem uma disposição inabalável que, mesmo quando tudo parece conspirar contra você, age a seu favor.

Persiga seus sonhos, enumere as suas conquistas e não esmoreça, mesmo quando a ventania e a tempestade tentarem te tirar do eixo.

Seja humilde, corajoso, e conte com a pessoa que mais merece a sua confiança: você mesmo.

Pode ter certeza: você pode tudo. É só não desistir no meio do caminho.

Porque nada vem fácil, mas, quando a gente persiste, chega lá.

FONTES Tiempos Text, Druk
PAPEL Pólen bold 90 g/m²
IMPRESSÃO Geográfica